LE CARDINAL LAVIGERIE

OUVRAGES de M. le Chanoine VERDUNOY

Curé de Saint-Michel, DIJON

(SÉRIE RELIGION)

En vente aux « PUBLICATIONS LUMIÈRE »

L'Evangile (Synopse, Vie de Notre-Seigneur, Commentaire, 1 vol. in-12, 400 pages, avec 1 carte en couleurs et 2 plans. **7 fr. 50,** Franco : **8 fr. 25**

L'Église apostolique : *Actes d'apôtres. Épîtres et Apocalypse.* Traduction et commentaire. 1 vol. in-12, 5:0 p., avec 2 cartes en couleurs. **7 fr. 50,** Franco : **8 fr. 25**

Pour mieux comprendre le Nouveau Testament, 1 vol. in-16. **1 fr. 25,** Franco : **1 fr. 40**

Petite année liturgique, texte latin-français, nouvelle édition (1922) en 2 volumes in-16 de 1.100 p. Les 2 vol. : **18 fr.,** Franco : **20 fr.**

Les prières de la liturgie, le propre du temps, les féries de carême, le commun et le propre des saints sont expliqués du point de vue liturgique et historique ; en tête de chaque fête de saints se trouve une courte biographie. On explique aussi l'année liturgique, les fonctions et choses liturgiques (église, autel, vases et linges, vêtements sacrés), de la messe avec ses différentes parties, les rites de l'ordination, les cérémonies de la semaine sainte.

Pour apprendre le latin liturgique, Grammaire, exercices, dictionnaire, 1 vol. in-12, 130 p., **3 fr. 50,** franco : **4 fr.**

Excellent guide pour comprendre, *en peu de temps,* la langue liturgique.

Notre religion : Cours supérieur d'instruction religieuse, 2 vol. in-16 ; 1er vol. : Dogme, morale, **5 fr. 50,** franco : **6 fr. 10** ; 2e vol. : Grâce, prière et sacrements, liturgie, **4 fr. 50,** Franco : **5 fr.**

La Salette, étude critique, **4** fr., franco : **4 fr. 45**

Sur les pas de nos saints, 2 vol. grand in-8e, illustrés, **3** fr. le volume, franco : **3 fr. 45.** 1er volume : Hilaire, Martin, Radegonde, Bernard de Fontaine, Louis IX, Colette Boylet, Jeanne d'Arc. — 2e volume : François de Sales, Jeanne de Chantal, Vincent de Paul, Pierre Fourier, François Régis, Jean-Baptiste de la Salle, B. Vianney. — Un 3e volume (1924) comprendra : Mère Barat, Père Michel Garicoïts, Père Chaminade, Père Eymard, Just de Bretenières, sœur Thérèse de l'Enfant-Jésus.

Pasteur, 1 volume in-16, 158 pages, **2 fr. 25,** franco : **2 fr. 50**

SON ÉMINENCE LE CARDINAL LAVIGERIE

Archevêque d'Alger et de Carthage,
Primat d'Afrique.

d'après une photographie de H. Valou.

ANTONY PHILIPPE

des Pères Blancs

LES GRANDS CATHOLIQUES
DES XIX⁰ & XX⁰ SIÈCLES

LE CARDINAL LAVIGERIE

1825-1892

Les services signalés que vous avez rendus à l'Afrique vous recommandent si hautement que vous paraissez comparable aux hommes qui ont le mieux mérité du catholicisme et de la civilisation.

(LÉON XIII à Mgr LAVIGERIE, Bref du 11 nov. 1887).

Publications Lumière

15, Rue Bossuet, DIJON

TÉLÉPHONE 7.63 -- COMPTE CHÈQUES POSTAUX 36.89 (LUMIÈRE)

1923

DATES PRINCIPALES :

1825, 31 octobre. Naissance à Huire, près de Bayonne.
1843, Entrée à Saint-Sulpice.
1849, Sacerdoce.
1850, Doctorat ès-lettres.
1853, Professeur en Sorbonne.
1856, Directeur de l'Œuvre des écoles d'Orient.
1860, Voyage en Syrie.
1861, Auditeur de rote.
1863. Evêque de Nancy.
1867, Archevêque d'Alger.
1868, Famine en Algérie ; orphelinats arabes ; fonda-
        tion des Pères Blancs et des Sœurs Blanches ;
        dé'égué apostolique pour le Sahara et le Sou-
        dan.
1871-75, Administrateur de Constantine et d'Oran.
1875, Délégué apostolique pour Saint-Louis de Car-
        thage.
1878, Délégué apostolique pour l'Afrique équatoriale.
1878, 1re caravane aux grands lacs. Etablissement à
        Jérusalem.
1881, Administrateur de Tunis.
1882, Cardinal.
1884, Archevêque de Carthage et Primat d'Afrique.
1886, 26 mai ; Martyrs de l'Onganda.
1888-89, Croisade anti-esclavagiste,
1890, 12 novembre, toast d'Alger.
1892, Mort à Alger, sépulture à Carthage.

Bibliographie : Mgr Baunard : *Le Cardinal Lavige-
    rie*, 2 vol. (Poussielgue 1896).
        (Nous avons beaucoup emprunté à cet ouvrage).
    Du Toast à l'Encyclique.
    Vingt-cinq ans d'épiscopat.
    Mgr Ricard : *Le Cardinal Lavigerie* (Lille, Lefort).
    M. Pagès : *S. Em. le Cardinal Lavigerie* (Delhomme
        et Briguet, 1895).

Nous avons surtout utilisé les lettres et instructions du
Cardinal à ses missionnaires, ainsi que les renseignements
fournis par plusieurs Pères Blancs qui ont vécu dans l'intimité du cardinal.

CHAPITRE PREMIER

Jeunesse
1825-1856

Éducation. Première communion. Vocation. Études. Sacerdoce. Doctorat ès-lettres. Professorat en Sorbonne.

Charles-Martial Allemand Lavigerie naquit le 31 octobre 1825 à Huire, près de Bayonne. Son père était inspecteur des douanes, d'origine angoumoise ; les déplacements dus à l'avancement dans sa carrière le firent passer d'Angoulême à Bayonne, puis à Marseille, enfin à Saumur.

Sa mère était native de Bayonne.

Dans cette famille de fonctionnaires la religion n'avait qu'une place restreinte ; la bourgeoisie de cette époque était assez teintée de ce scepticisme légèrement frondeur si à la mode au temps de la Restauration : sous prétexte de se montrer « libéral », on était un peu avare au service de Dieu.

Les Lavigerie pratiquaient donc, mais juste ce qu'il fallait.

Rien n'aurait pu faire prévoir que l'aîné des enfants, ce fils sur lequel, naturellement, on fondait les plus belles et les plus douces espérances, pût orienter sa vie vers le sacerdoce.

Le cardinal Lavigerie se plaisait à raconter que la religion de son enfance lui avait été inculquée par deux pieuses filles au service de ses parents.

C'étaient ces deux bonnes servantes qui lui avaient

fait réciter ses premières prières, apprendre son catéchisme ; elles qui lui avaient conté les belles histoires
de la Bible, les paraboles de l'évangile et la vie de
Notre-Seigneur ; c'étaient elles qui l'avaient conduit
aux offices, lui avaient appris, dans la belle langue
sonore du pays, les cantiques de l'Église. C'était
surtout leur exemple, la pratique habituelle de ces
vertus familières, patience, charité, douceur, humilité, qui avaient ouvert, dans l'âme du jeune Charles,
les portes de la foi et préparé son cœur à la réception
des grâces divines.

L'enfant fut de bonne heure envoyé à la pension
Saint-Léon à Bayonne, dont il suivait les cours en
qualité d'externe. Travaillant et flânant à ses heures,
il révéla vite une belle intelligence. Souvent il était
le premier en classe, toujours il l'était dans les jeux
et les exercices du corps. Batailleur, toujours prêt à
jouer des poings, plein d'entrain, hardi, énergique,
ardent, dominateur, il subjuguait ou fascinait ses
petits camarades, dont il était le chef incontesté.
Jusque dans ses jeux l'homme est déjà en germe dans
l'enfant ; là surtout Charles faisait paraître son besoin
de domination, et, quand il jouait au prêtre — les
enfants jouent au prêtre comme ils jouent au soldat
ou au voleur — il fallait qu'on se tînt bien à sa messe
et qu'on écoutât attentivement son sermon. N'allait-
il pas jusqu'à exiger que les servantes se confessent
à lui... et à genoux, s'il vous plaît !

Dans ces périodes d'apostolat enfantin, s'il rencontrait dans la rue quelque petit Juif de son âge (la
colonie juive est fort nombreuse à Bayonne), il entreprenait de le baptiser. L'autre de résister ; c'était
alors la lutte : il empoignait le récalcitrant et, à grand
renfort de bourrades et de taloches, le poussait à la

fontaine ou à la rivière, où il l'aspergeait d'autant plus copieusement que la résistance avait été plus vive.

L'aumônier de la pension eut vite remarqué cet enfant d'une si belle intelligence, d'une nature si riche, d'un caractère si bien trempé, et il s'appliqua, avec toute la ferveur de son zèle, à le préparer à sa première communion.

Que dire de cette première rencontre du Dieu d'amour avec l'âme de cet enfant ? Le cardinal se plaisait encore, dans sa vieillesse, à en renouveler le souvenir et à en savourer les profondes et salutaires impressions. Ce fut un lever de soleil sur son âme pleine de ferveur ; la carrière de Charles s'en trouva éclairée jusqu'au terme. Dès lors il déclara qu'il serait prêtre, non plus avec l'inconscience de l'enfant qui se cherche, mais avec la décision d'une volonté qui s'affirme parce qu'elle a été éclairée et que son but est déjà fixé.

Tout autres étaient les vues de ses parents sur cet aîné de leurs enfants, sur ce bel adolescent intelligent, fier, entreprenant, qui promettait de faire son chemin dans le monde. On affectait de rire de ses désirs, tout en redoutant, au fond du cœur, que cela fût sérieux.

Le jeune adolescent demanda à entrer au petit séminaire de Larressore ; il sut si bien prier, insister, cajoler qu'il fallut accéder à son désir. Son père se décida à présenter son fils à l'évêque de Bayonne : « Vous avez donc la vocation d'être prêtre ? dit le vénérable prélat à l'enfant un peu intimidé. — Oui, Monseigneur. — Et pourquoi voulez-vous être prêtre, mon enfant ? — Pour être curé de campagne ». L'évêque sourit. « Vous irez d'abord au séminaire, et puis vous serez ce que Dieu voudra ».

Admis au séminaire comme élève de seconde, il s'y fit bientôt remarquer par les riches qualités de son intelligence et de son caractère. Plein de vie, d'une gaieté exubérante, il était le boute-en-train de la maison. Sa nature violente l'entraînait parfois à de regrettables mouvements spontanés qu'il s'efforçait de faire oublier par des égards et des amabilités qui formaient un des plus charmants contrastes de cette nature si complexe. C'est ainsi qu'un jour, en pleine leçon de musique, sur une remarque qui lui fut faite, il lança sa flûte à la tête de son professeur ; bientôt, en revanche, il eut pour lui une véritable affection qui dura toute sa vie.

Le jeune homme disait et répétait qu'il voulait être prêtre. Cet idéal de la vie sacerdotale était toujours devant son esprit et son cœur. Sa famille lui aurait souhaité moins d'ardeur à quitter le monde. Un jour que sa mère était venue le voir, à une époque où plusieurs de ses condisciples se préparaient à recevoir l'habit ecclésiastique, elle remarqua que Charles affectait de laisser croître ses cheveux d'une certaine manière qui était celle des prêtres de ce temps-là ; elle s'arma de ciseaux et se mit en devoir de couper court à ces apprêts prématurés. Charles la laissa faire sans mot dire. Mais la fois suivante, quand elle revint le voir, il lui présenta sa tête ornée d'une tonsure toute fraîche qu'on ne pouvait faire disparaître aussi facilement. C'était là Charles tout entier. Toute sa vie ce fut la manière de cet esprit entier et absolu : trancher les situations par un coup d'éclat afin qu'on sût tout de suite à quoi s'en tenir avec lui et qu'on n'y revînt plus.

Il ne resta qu'un an à Larressore. Son père, à peine résigné à donner son fils à l'Église, n'était pas du tout disposé à payer une pension coûteuse afin de le préparer à une carrière dont il aurait voulu le détourner.

Des amis de la famille proposèrent le jeune homme à M. l'abbé Dupanloup, alors supérieur du Petit Séminaire de Paris. Il fut admis et, en octobre 1841, présenté à l'illustre éducateur, qui le fit entrer en classe de rhétorique.

L'acclimatation fut pénible. Cette vieille maison sombre, ces longs corridors sans lumière, cette cour enfoncée où l'air n'entre que par le haut des murs comme dans une prison, tout donna au jeune Béarnais une insurmontable impression de tristesse et de dégoût. Quel contraste entre les brouillards parisiens et le ciel ensoleillé du Béarn ! Le petit séminaire de Larressore s'élève sur une des premières croupes pyrénéennes, au-dessus des vallées de la Nive, d'où l'on embrasse un magnifique amphithéâtre de montagnes dont les lumineux sommets vont se perdre dans les transparences aériennes d'un ciel du midi. Quelle différence avec cette vieille et sombre maison de la rue Saint-Nicolas-du-Chardonnet, étriquée, resserrée, d'où l'on ne voyait qu'un tout petit coin du ciel, et quel ciel ! brumeux, plein de fumées, où le soleil ne pénétrait jamais !

Si l'horizon matériel se rétrécissait devant lui, Charles allait voir s'en ouvrir un autre, intellectuel et moral, où son âme et son esprit devaient se dilater admirablement. Écoutons les confidences du cardinal : « Peu à peu, dans ces ombres, je vis se lever un autre soleil qui échauffa mon âme, qui l'éveilla de l'engourdissement où elle s'était ignorée jusqu'alors et qui bientôt inonda tout de ses lumières. C'était lui, le supérieur, lui dans toute l'ardeur de son esprit, de son cœur ouvert à tous les saints enthousiasmes, qui transfigurait ainsi ce qui nous environnait, lui qui nous transportait tous sur les sommets les plus purs des choses divines et humaines ».

Entré, et avec quel cœur et quel entrain ! dans le mouvement imprimé par ce maître incomparable, Charles en prit la tête et s'y maintint. L'abbé Dupanloup, regardant la rhétorique comme le principal moyen de culture intellectuelle, faisait redoubler cette classe à ses meilleurs élèves ; le jeune Lavigerie fut de ce nombre et il en profita supérieurement.

Il allait prendre ses vacances à Bayonne, et, à voir ce grand jeune homme très intelligent, gai, affable, rieur, toujours en mouvement, véritable animateur des réunions de famille, parents et amis ne pouvaient se faire à l'idée de le voir ensevelir toutes ces qualités dans la vie religieuse ; ils se prenaient à espérer, malgré tout, le voir embrasser quelque belle profession libérale où il ferait facilement son chemin dans le monde. Sa mère, ses tantes avaient déjà échafaudé pour lui toute une vie. Trente ans plus tard, l'archevêque d'Alger en parlait en ces termes à celle qui lui avait été destinée : « Votre chère mère m'appelait son neveu et... bientôt son fils... C'était le projet de nos deux mères. Dieu en a disposé autrement et je vous en félicite, car je crois que je n'ai pas un caractère à rendre un intérieur agréable ».

La réponse du jeune homme à ces projets maternels fut son entrée au séminaire de Saint-Sulpice, à Issy, en octobre 1843. Il avait 18 ans.

« On ne peut dire, constatait plus tard le cardinal Bourret, qu'il y fut un élève parfait ; aux grands côtés de son caractère qui se dessinaient dès lors s'entremêlaient les saillies d'un esprit méridional, intarissable en inventions joyeuses, récits et tours plaisants qui, là surtout, à défaut de tout exercice corporel, étaient le déversoir de cette exubérante nature. Il n'était pas des plus laborieux, ni même des plus réguliers ; mais pour sûr il était le plus intelligent et le plus pénétrant ; ce qu'il ne savait pas, il le devinait par intuition de l'esprit et justesse du regard ».

L'abbé Lavigerie se classa parmi les meilleurs élèves d'un cours devenu fameux à Saint-Sulpice sous le nom de « Cours des évêques », parce qu'il fournit à l'Eglise une trentaine d'évêques et à la France plusieurs cardinaux. En octobre 1845 il devint étudiant de théologie au séminaire de Paris. Le dernier jour de la retraite préparatoire à l'année scolaire, il remarqua qu'un de ses voisins de chapelle avait cessé de paraître aux exercices. On lui apprit que ce jeune abbé venait de quitter le séminaire pour retourner dans le monde. C'était Ernest Renan.

En 1847 Mgr Affre, archevêque de Paris, entreprit de fonder, dans l'ancien couvent des Carmes, une école de hautes études à l'usage des jeunes ecclésiastiques français. Il ne s'agissait pas seulement de lutter pour la liberté d'enseignement, pensait-il avec raison : il fallait aussi se préparer des instruments pour user de la victoire et se mettre en devoir de former un corps professoral qui pût lutter, à armes égales, avec les maîtres de l'enseignement laïque.

Trop jeune pour recevoir les ordres sacrés, l'abbé Lavigerie accepta volontiers de suivre les cours de cet Institut supérieur et, en une seule année scolaire, il enlevait brillamment les diplômes de bachelier et de licencié ès lettres. Sa prodigieuse facilité de travail était d'ailleurs puissamment aidée par l'exceptionnelle formation littéraire qu'il avait reçue de l'abbé Dupanloup.

A Noël 1847 il reçut le sous-diaconat. Deux mois après éclatait à Paris la révolution de février.

Durant la nuit la fusillade avait réveillé tout le monde au séminaire. Les supérieurs s'effrayèrent pour toute cette jeunesse dont ils devaient répondre et prirent le parti de licencier leurs élèves.

Pendant la journée l'abbé Lavigerie, accompagné de son ami l'abbé Bourret, tous deux en habits laïques, se dirigea naturellement, par curiosité juvénile, vers un des points les plus agités de l'insurrection, les Tuileries. Ils étaient là, regardant curieusement choses et gens, lorsqu'un groupe d'insurgés vint à passer. Avisant ces deux jeunes citoyens inoccupés, le chef entreprit de leur donner de la besogne et leur enjoignit de renverser une guérite de factionnaire : il ne fallait plus dans Paris de ces vestiges de la royauté. Ainsi réquisitionnés, nos deux robustes montagnards eurent vite fait de la mettre à bas. Qui donc dans ces deux démolisseurs eût pressenti deux Éminences ? Estimant avoir ainsi contribué d'une façon suffisante au renversement de la monarchie, les deux travailleurs s'esquivèrent prudemment.

Le 2 juin 1849 l'abbé Lavigerie fut ordonné prêtre par Mgr Sibour ; il n'avait pas encore 24 ans.

Les succès universitaires remportés deux ans auparavant avaient attiré sur lui la bienveillante attention de ses supérieurs et il fut prié de continuer à fréquenter l'École des Carmes pour y préparer le doctorat ès lettres.

Une année suffit à cette tâche et, le 12 juillet 1850, eut lieu en Sorbonne la soutenance des thèses devant un brillant aréopage. L'abbé Lavigerie fut le premier docteur formé à cette École des Carmes qui a fourni, depuis, à notre enseignement supérieur tant de remarquables professeurs.

En 1853, à la suite d'un brillant concours où, à son ordinaire, il remporta la première place, il fut nommé membre du chapitre de l'église Sainte-Geneviève que Mgr Sibour venait de réorganiser, et simultanément professeur suppléant d'histoire ecclésiastique à la Sorbonne.

Le jeune professeur concevait son enseignement comme un apostolat ; il voulait, tout en formant l'esprit de l'ardente jeunesse qui se pressait, avide, au pied de sa chaire, former aussi son cœur, et il s'occupa avec amour de ces jeunes gens qui devaient devenir l'élite de la société de demain.

Il les aima et s'en fit aimer. Ce fut sur son initiative que commença le cercle du Luxembourg, puis la conférence littéraire qui devint dans la suite la « Conférence Ozanam » et dont il fut le premier président.

CHAPITRE II

Orientation définitive
1856-1865

Œuvre des Ecoles d'Orient et de Syrie. Auditorat de rote.

« J'étouffe dans ma chaire de Sorbonne », avouait-il alors ; et cependant il joignait à son labeur professoral la charge d'aumônier des Bénédictines du Saint-Sacrement, s'occupait activement de nombreuses œuvres d'étudiants et s'adonnait à la prédication, ministère très varié où il commençait à se faire la réputation d'orateur disert et solide.

A la suite de l'expédition de Crimée, le traité de Paris avait stipulé la liberté de conscience pour les ressortissants des États ottomans. L'illustre savant Cauchy, qui était un chrétien fervent et convaincu, avait fondé à Paris l'œuvre des Écoles d'Orient pour répandre, au milieu de ces populations depuis si longtemps pressurées par la plus impitoyable intransigeance religieuse, la lumière des saines doctrines chrétiennes et dissiper, par le seul rayonnement de la vérité, les épais nuages de préjugés entassés par l'Islam et le schisme grec. Le Conseil central de l'œuvre, composé de gens illustres tels que Montalembert, Lenormant, de Falloux, de Broglie, de Vogué, Auguste Nicolas, Ozanam, etc., constatait, avec une certaine mélancolie, qu'il réunissait plus d'illustrations que de ressources et que les sympathies acquises par l'œuvre n'arrivaient pas à remplir les coffres.

Et cependant les besoins étaient urgents. Les missionnaires établis en Orient réclamaient d'autant plus instamment des ressources que la propagande protestante, bien munie, elle, commençait à agir au milieu de ces populations si pauvres et que l'argent pouvait si facilement fasciner. Il fallait donc trouver un homme jeune et ardent, capable de prêcher activement cette nouvelle croisade et de la mener à bien, quelqu'un qui devînt l'homme de l'œuvre et de la situation. Tous ces messieurs, membres de l'Institut ou des autres sociétés savantes, pensèrent naturellement à un professeur en Sorbonne, et le nom de l'abbé Lavigerie fut mis en avant. Accepterait-il cette charge ? Voici comment lui-même racontait plus tard ce qui décida cette définitive orientation de sa vie.

« J'avais alors pour confesseur le saint et illustre Père de Ravignan, vers lequel j'étais attiré par ses vertus, son grand caractère et aussi par le souvenir de la patrie commune, car il était originaire de Bayonne.

« Un jour il me parla des besoins de l'œuvre des Écoles d'Orient et me dit à brûle-pourpoint : « Tous ces messieurs de l'Institut ont naturellement pensé à confier cela à un de leurs collègues et ils vous désirent. Ils m'ont chargé de vous demander. — Si vous croyez, mon Père, que ce soit la volonté de Dieu, répondis-je, je suis prêt. — Je le crois ». En ces trois mots tout fut conclu ».

Le lendemain l'abbé Lavigerie était présenté au Conseil et on lui remettait les registres et la caisse, qui était à peu près vide, en lui souhaitant beaucoup de succès.

Le nouveau directeur se rendait parfaitement

compte et de l'importance et des difficultés de l'œuvre. « En sus des infidèles, l'Orient ne compte pas moins de 70 millions de chrétiens séparés de nous par le schisme, mais qui ont gardé les règles, les traditions, la discipline bien plus complètement que ne l'ont fait les protestants de l'Europe. Quelle joie dans le ciel et sur la terre le jour où nous verrons se lever les Églises, aujourd'hui si tristement séparées, pour se donner le baiser de paix entre les bras du Père de famille ! »

Seule l'instruction donnée aux enfants, aux jeunes gens, aux jeunes filles, pourrait arriver à renverser la montagne de préjugés et d'ignorance populaires qui se dressait à l'encontre de ce salutaire retour. Ainsi l'avaient compris et s'efforçaient déjà de le pratiquer les Lazaristes en Égypte, en Syrie, à Constantinople, les Jésuites à Ghazir, les Sœurs de Saint-Vincent de Paul à Alexandrie, Beyrouth, etc. Mais cette idée féconde, il fallait la reprendre, la faire pénétrer dans l'esprit et surtout dans le cœur de la France.

C'est cette tâche ardue que le nouveau directeur de l'œuvre entreprit avec un zèle que rien ne lassait, ni ne pouvait rebuter. Soit dans l'intervalle de ses cours en Sorbonne, soit surtout durant les vacances, il parcourut les principales villes de France, prêchant dans les églises, quêtant à domicile, organisant des comités. Le plus souvent il était bien accueilli par les évêques ou les curés ; parfois on l'éconduisait de façon plutôt discourtoise : « C'étaient des douches glacées qu'on faisait pleuvoir sur ma tête, a-t-il avoué plus tard ; mais en pure perte, car à l'âge où j'étais, on a la tête chaude ». Ce Béarnais, presque Gascon, ne se laissait pas facilement désarçonner : « Vous n'aurez personne à votre sermon. — Pour cela, j'y suis habitué : à la Sorbonne mes auditeurs ne font pas foule ». Et il pénétrait partout, forçant les portes qui ne faisaient que s'entr'ouvrir, et il moissonnait à pleines mains là où on lui avait fait craindre de ne pas trouver un épi.

Sous son impulsion vigoureuse la presse catholique, ce puissant instrument d'apostolat dont il devait, toute sa vie, faire un si grand usage, soutint efficacement l'œuvre qu'elle fit connaître au grand public : un comité de dames patronesses fut fondé avec des sous-comités en province ; un bulletin de l'œuvre fut publié régulièrement et, sortis de la plume du directeur, les articles étaient intéressants. Il obtint pour l'œuvre la reconnaissance légale du gouvernement ainsi que des subsides à titre d'utilité publique ; enfin le Conseil central, d'abord exclusivement composé de laïques, s'adjoignit un certain nombre d'ecclésiastiques de marque qui contribuèrent à son expansion dans les milieux catholiques. Grâce à cette activité prodigieuse, les recettes, qui s'élevaient à 16.000 francs en 1857, passèrent à plus de 60.000 en 1859. L'œuvre était lancée.

Des événements douloureux allaient lui donner une importance de tout premier ordre (1860).

Les Druses et les Métoualis, musulmans fanatiques et ennemis séculaires des Maronites ainsi que des Libanais, ne pouvaient se résigner à admettre que, dans l'empire ottoman, sous la domination légitime du sultan de Stamboul, commandeur des croyants, des chiens de chrétiens fussent libres de pratiquer une religion anathématisée par leur prophète. Sous un vain prétexte, comme il est toujours facile d'en faire naître, ils envahirent les montagnes du Liban et à l'improviste tombèrent sur les populations paisibles qui se fiaient aux traités récemment conclus et que la France avait confirmés de sa signature. En quelques jours ces hordes fanatiques avaient tout mis à feu et à sang. Plus de 200.000 chrétiens avaient été horriblement massacrés ; un nombre égal, qui s'était réfugié en toute hâte dans les repaires des montagnes, se trouvait sans abri, sans vêtements, sans pain ; plus de 300.000 autres attendaient avec anxiété un sort semblable à celui de leurs frères.

Ce fut avec un cri d'horreur que l'Europe apprit ces scènes sanglantes. En France surtout l'opinion publique s'émut. Eh quoi ! de pareilles horreurs pouvaient encore se commettre dans un pays civilisé, plus que cela, dans un pays ami, pour sauvegarder l'indépendance duquel nous venions de sacrifier, dans la guerre de Crimée, 200.000 hommes et 1.500 millions ! C'était parce qu'ils avaient eu confiance dans les traités signés par nous que les chrétiens libanais, sans défense, avaient été massacrés ; et c'était vers nous, les garants de leur liberté religieuse, qu'ils tendaient leurs bras suppliants et qu'ils appelaient au secours ! Deux choses furent unanimement demandées : une expédition pour châtier les coupables et une occupation militaire pour assurer la sécurité des chrétiens.

Mais pendant que les gouvernements européens, à grand renfort de conférences, de conseils et de comités, préparaient une intervention, les gens, là-bas, mouraient de faim, de froid, de misère et de peur.

La charité française, elle, n'eut pas tant à réfléchir ni à parlementer. Se souvenant que

> C'est donner doublement
> Que donner promptement,

l'Œuvre des Écoles d'Orient, qui se trouvait toute

désignée pour prendre l'initiative, ouvrit une sous-
cription. En Orient on avait faim, on avait froid,
on souffrait : cela suffisait pour qu'on agît, et, sous
l'impulsion de l'infatigable directeur qui se prodiguait
et prodiguait articles de journaux et de revues, ser-
mons, conférences, le mouvement de charité prit des
allures grandioses. Avec une rapidité qui contrastait
étrangement avec la lenteur des négociations diplomatiques, dons en argent et en nature arrivèrent et
l'on put, tout de suite, envoyer des secours aux principaux centres de mission des territoires dévastés.

Enfin, après d'interminables négociations où les
diplomaties russe et surtout anglaise, jalouses de notre
séculaire influence en Orient, cherchèrent, par tous
les moyens, à rendre inopérante notre action militaire — dussent les chrétiens orientaux périr tous de
misère ou de faim ! — on finit par laisser la France
libre d'aller seule donner son sang et son argent pour
une cause qui était celle de l'Église et de l'humanité.
Encore eut-on soin de restreindre cette action de
telle sorte que nos soldats passaient pour aller aider
les autorités turques à rétablir l'ordre troublé par
des perturbateurs.

Aux troupes qui partirent le 8 août l'empereur
adressa ces paroles : « Vous ne partez pas en grand
nombre, mais votre courage et votre prestige y sup-
pléeront ; car partout aujourd'hui où l'on voit passer
le drapeau de la France, les nations savent qu'il y
a une grande cause qui le précède et un grand peuple
qui le suit ».

Pour distribuer avec célérité aux pauvres Libanais
les nombreux secours qui affluaient, le Conseil de
l'Œuvre avait délégué en Orient le prêtre qui avait
su les recueillir en Europe avec tant de promptitude.

Ce voyage, cette croisade de la charité, fut pour l'abbé Lavigerie l'occasion de se révéler parfait administrateur. Il fallait secourir, et vite, des malheureux dispersés sur un territoire de plus de 100.000 kilomètres carrés, montagneux, d'accès difficile, très irrégulièrement peuplé. Il organisa si judicieusement des comités de secours, utilisa si bien toutes les aptitudes et les bonnes volontés qu'en quelques semaines les fonds disponibles et les secours en nature étaient distribués. Que de vies furent sauvées à cause de cette célérité dans la répartition !

Le voyage de l'abbé Lavigerie fut un triomphe : catholiques et orthodoxes se prosternaient devant lui comme devant l'envoyé de Dieu et tous associaient, dans leurs louanges et leurs actions de grâces, au nom de celui qui venait à leur aide, le nom de la France qui l'avait envoyé.

Après trois mois de voyages l'abbé Lavigerie revint en Europe. Ce contact intime avec les populations orientales lui avait révélé sa véritable vocation : il avait vu, compris, senti qu'il était foncièrement missionnaire et que c'était dans cette voie-là qu'il pourrait donner toute sa mesure.

Il passa par Rome ; il voulait aller dire au pape, père commun de tous les fidèles, la grande pitié de ses fils orientaux et ce que ses fils de France avaient fait pour les soulager. Cette démarche toute filiale, inspirée par la vénération et l'amour que l'abbé Lavigerie avait pour le pape, devait avoir sur son avenir une influence capitale.

Pie IX fut frappé de l'ouverture d'esprit, de la science sûre et étendue, du jugement mûr et judicieux du jeune directeur de l'Œuvre des Écoles d'Orient et désira l'avoir à Rome auprès de lui.

A Paris l'abbé Lavigerie fut reçu d'une façon plus flatteuse encore. Notre action militaire avait été rendue à peu près nulle par les intrusions de la politique et de la diplomatie. C'était grâce à l'action charitable du brillant ecclésiastique que la France avait, malgré tout, joué là-bas un grand et beau rôle. Sa présence avait plus fait pour le maintien de son influence et son développement que la présence de nos troupes réduites à l'impuissance. Il revenait comme auréolé de patriotisme et de charité. L'empereur, les ministres le reçurent avec une faveur marquée. Il remit au gouvernement un mémoire où les faits étaient retracés avec une vérité saisissante, où il exposait en détail les besoins des populations orientales et où il suggérait des moyens efficaces d'y satisfaire.

La croix de la légion d'honneur lui fut décernée en récompense de ses éminents services.

Quelques mois après, il était, sur le désir du Souverain Pontife lui-même, nommé auditeur de rote à Rome pour la France et recevait le titre de prélat de la maison pontificale.

La vie et les occupations d'auditeur de la rote n'allaient ni à sa tournure d'esprit, ni à son tempérament, ni à son besoin d'activité. Il ne se plaisait pas au milieu des salons de la société romaine où, comme diplomate, il devait fréquenter, et où cependant sa belle prestance, sa riche culture et la finesse de son esprit lui donnaient un rôle de premier plan.

Il répétait sans cesse au bon Pie IX, qui l'admettait dans son intimité : « Je souffre trop ici, Très-Saint-Père ; je ne suis pas né diplomate, ni juge de mur mitoyen ; je suis né prêtre ». Et le pape souriait avec indulgence, reconnaissant que le jeune prélat pouvait bien avoir raison.

L'auditeur de rote n'avait pas tardé à faire savoir à Paris la répugnance qu'il éprouvait pour le genre de vie qui lui était imposé par ses nouvelles fonctions. L'évêché de Nancy étant devenu vacant, il fut proposé au pape, qui agréa aussitôt ce choix. Nommé évêque de Nancy le 5 mars 1863, Mgr Lavigerie fut préconisé le 16 et sacré le 22 du même mois. Il avait 37 ans et demi.

CHAPITRE III

Episcopat de Nancy
1863-1867

Succession difficile. Réforme des études. L'affaire des examens. Le recrutement sacerdotal. La splendeur du culte. L'Encyclique *Quanta cura*. Nomination à Alger.

Les deux prédécesseurs de Mgr Lavigerie sur le siège de Nancy s'étaient, pour des raisons différentes, heurtés à de sérieuses difficultés.

Le premier, Mgr Mengaud, qui était en même temps Grand Aumônier de France, vivait plus à la cour qu'à Nancy, et ses diocésains, de caractère assez indépendant, ne se gênaient pas pour dire que leur premier pasteur était plus courtisan qu'évêque.

Son successeur, Mgr Darboy, très bien vu en cour lui aussi, avait manifesté, en certaines circonstances, des idées trop libérales qui avaient soulevé contre lui bien des oppositions ; on trouvait de plus qu'à l'exemple de son prédécesseur il était trop souvent à Paris.

Avant son arrivée on faisait au nouvel évêque trois reproches : il avait été professeur en Sorbonne, réputée gallicane, tandis que le clergé nancéen était ultramontain ; les vieux curés disaient aussi : « Il est bien jeune ! »; enfin, grave défaut pour un évêque, il n'avait jamais été dans le ministère : n'arrivait-il pas avec cette dangereuse inexpérience d'un homme livresque qui ne connaît la vie que d'une façon théorique et n'a jamais eu à obéir avant de commander ?

On l'attendait à ses actes ; les débuts furent heureux. C'est avec la plus grande simplicité qu'il se présenta à son clergé ainsi qu'à son peuple. Venant directement de Rome, où il avait été sacré, il apportait avec lui la bénédiction et comme un reflet de la bonté paternelle de Pie IX. On savait déjà qu'il avait décidé de se passer d'équipage, « estimant qu'il serait plus épiscopal d'en donner le prix aux pauvres ». Son train de maison était fort simple et il se montrait très accueillant à tous.

Chaque jour il retenait à dîner quelques-uns des curés ou vicaires que leurs affaires amenaient aux bureaux de l'évêché, s'enquérait de leurs paroisses, de leurs travaux personnels, de leurs peines et de leurs espoirs, consolant les uns, encourageant les autres, se faisant tout à tous.

Ce contact intime avec ses prêtres lui permit de les connaître, et il avait lui-même de trop grandes qualités pour ne pas être bientôt apprécié à sa juste valeur.

Il avait pris pour emblème, dans ses armes, le pélican qui nourrit ses petits de son sang, et pour devise ce mot si grand dans son laconisme : *Caritas*, charité. C'était s'engager au dévouement jusqu'au sacrifice ; il s'y essaya.

Un de ses premiers actes épiscopaux fut la création d'une caisse de retraite et de prévoyance pour son clergé, en vue d'assurer aux vétérans du sacerdoce une vieillesse tranquille à l'abri du besoin.

L'ancien professeur de Sorbonne, l'homme d'études se fit presque aussitôt remarquer dans l'évêque : il entreprit de relever le niveau général des études de tous les établissements d'instruction, tant secondaire que primaire, de son diocèse.

Jusqu'alors les professeurs des collèges ecclésiastiques ne se préoccupaient guère d'acquérir des grades universitaires ; c'était une estampille officielle dont, pensaient-ils, on pouvait facilement se passer. Ce pouvait être, aux yeux des familles, un signe d'infériorité, et surtout cela pouvait devenir, pour un avenir prochain, un péril vis-à-vis des exigences de l'État.

L'évêque, ancien et brillant élève de l'École des Carmes, résolut d'envoyer à Paris quelques jeunes ecclésiastiques bien doués pour s'y préparer aux licences ès lettres ou ès sciences, voire même au doctorat. Mais la médaille avait un revers : licenciés et docteurs furent placés en vedette dans les différents collèges ou institutions du diocèse, dont ils étaient destinés à devenir les supérieurs ou directeurs ; quelques-uns manquèrent de modestie et de réserve à l'égard des vétérans du professorat dont les longues années de labeur ne portaient pas l'estampille officielle. Il y eut des froissements.

De nombreuses congrégations religieuses assumaient la tâche si importante de l'éducation des jeunes filles. Elles non plus ne s'étaient pas préoccupées d'acquérir les diplômes exigés des maîtresses de l'enseignement primaire laïque. Avec une franchise peut-être un peu trop rude, l'évêque avouait que l'insuffisante formation pédagogique de certaines religieuses enseignantes justifiait trop les plaintes des familles. De plus il se rendait compte que le temps était proche où le gouvernement, pour battre en brèche l'enseignement congréganiste, exigerait de tous les maîtres et maîtresses les mêmes titres

qu'on réclamait aux instituteurs et institutrices
laïques. Il lança donc une circulaire, suivie d'une
ordonnance : toutes les novices des congrégations
diocésaines enseignantes devraient, avant d'entrer
dans une école quelconque, se présenter devant une
commission épiscopale qui leur ferait subir un examen.
On leur délivrerait un brevet d'aptitude à l'enseignement qui désormais serait indispensable pour diriger,
dans le diocèse, soit un pensionnat, soit même la
plus humble école.

Une mesure si sage et si salutaire n'allait pas sans
contrarier de vieilles habitudes, sans gêner de nombreuses inerties. Il y eut des murmures, des plaintes,
des tempêtes. L'évêque, disait-on, diffamait publi-
quement la valeur de l'enseignement congréganiste ;
c'était une arme offerte à l'ennemi ; la circulaire
épiscopale était une trahison.

L'événement eut du retentissement dans la
France entière. Deux évêques, moins « en avant »
que celui de Nancy, virent même, dans les exigences
de leur jeune et ardent collègue, une grave atteinte
aux immunités de l'Église et le dénoncèrent au Saint-
Siège.

Invité à donner quelques explications, l'évêque
partit pour Rome, soumit sa circulaire et son ordonnance à l'autorité compétente, fournit toutes les
explications qu'on voulut et revint à Nancy approuvé
et loué sans réserve.

Les examens eurent lieu, et l'évêque proclama qu'il
n'avait que des éloges à donner pour les résultats
obtenus.

Il anima aussi le zèle de ses curés en faveur du
recrutement des vocations sacerdotales, « cette
œuvre primordiale qui assure dans un diocèse la

pérennité de la foi ». « Voilà, mes chers coopérateurs, ajoutait-il, une admirable manière d'exercer votre zèle. Dans certaines petites paroisses vous n'avez pas assez de malades à visiter, de malheureux à consoler pour employer tout votre temps. Ce petit enfant que vous élevez sera prêtre un jour. Les âmes qu'il convertira, le bien qu'il fera, c'est vous qui l'aurez préparé, et Dieu vous en tiendra compte ». En conséquence l'évêque créa une commission des bourses pour venir en aide aux enfants des établissements ecclésiastiques. Durant les années de son épiscopat, cette commission distribua la somme énorme de 240.000 francs.

Il aspirait au jour où, le nombre des recrues sacerdotales étant devenu plus que suffisant au service des âmes, le clergé français pourrait ressusciter dans son sein le « clergé doctoral » qui, par ses travaux, honorerait le corps sacerdotal, défendrait et servirait l'Église et contribuerait puissamment, par l'expansion de la vérité, à étendre le règne de Dieu dans les âmes.

D'autre part son passage en Palestine lui avait donné le goût de ces magnificences extérieures dans les cérémonies du culte dont les rites orientaux ont gardé le secret ; le séjour de Rome n'avait fait qu'augmenter l'attrait pour les cérémonies bien ordonnées comme celles qui se célèbrent dans les basiliques romaines. Il entreprit donc, après avoir adopté le cérémonial romain dans tout le diocèse — ce qui ne fut pas encore du goût de tous —, de relever la splendeur du culte par la régularité, la dignité et la belle ordonnance des cérémonies pontificales. Le peuple de Nancy, amateur de belles choses, se pressait en foule à ces offices où le jeune évêque, de belle stature, si imposant au milieu du déploiement des pompes liturgiques, ajoutait à la majesté de l'apparat dont il était entouré la majesté de sa personne qu'il savait tempérer d'une grâce souriante.

A cette splendeur dans les cérémonies cultuelles l'évêque joignait la magnificence et la dignité des temples du Seigneur. Il fit fort intelligemment réparer sa cathédrale et entreprit, dans sa seule ville épiscopale, la construction de trois églises : Saint-Pierre, Saint-Léon, Saint-Epvre surtout, qui est devenu le joyau de la Lorraine. Cent vingt églises de son diocèse gardent, dans leur splendeur rajeunie, le souvenir de sa généreuse administration. Pour toutes ces entreprises : caisses de secours, constructions d'églises, ouvertures de collèges, il fallait des fonds en abondance. L'évêque avait, à l'œuvre des écoles d'Orient, fait un rude et fructueux apprentissage du métier de quêteur ; il avait le talent de se faire ouvrir toutes les portes et toutes les bourses et s'entendait à remuer l'argent.

Il remuait aussi ses curés, qui trouvaient bien parfois que le jeune et bouillant évêque dérangeait trop de gens, modifiait trop de choses. Voyait-on sur la route une voiture de déménagement : « Bon, disait-on, encore un pauvre curé auquel Sa Grandeur fait changer d'air ». Et, comme on finit par rire de tout, ce qui est une manière de philosopher sur les choses, on disait avec force épigrammes, dans les réunions ecclésiastiques, que, ne pouvant avoir déjà son « clergé enseignant », Monseigneur voulait au moins avoir le « clergé ambulant ». Il y eut même, sur l'air fameux de la complainte du Juif errant, un pastiche assez plaisant.

Malgré ces petits côtés de son grand caractère,

l'évêque de Nancy était fort estimé de son clergé et très aimé de ses ouailles. Il savait racheter, par de si délicates, de si aimables attentions, les mouvements premiers de son impétueuse nature qu'il était difficile de lui tenir longtemps rigueur.

Ce qu'on aimait en lui, c'était la promptitude et la netteté des décisions ; au moins on savait à quoi s'en tenir. D'ordinaire il donnait ses raisons d'agir ; on pouvait ne pas les admettre toutes, mais il fallait avouer qu'il n'avait en vue que la gloire de Dieu et le bien des âmes.

Cette décision prompte et cette netteté d'expression lui manquèrent cependant en une circonstance qui fut fort remarquée.

Le 28 décembre 1865 parut l'encyclique *Quanta cura*, accompagnée du *Syllabus* (résumé) portant condamnation des erreurs modernes. Le clergé lorrain était très ultramontain, et il se demandait comment l'évêque, que l'on croyait « imbu des doctrines sorbonnesques » visées par le document pontifical, allait accepter les directions donnés si solennellement par le magistère suprême. N'allait-il pas être embarrassé d'avoir à souscrire, comme évêque, à la condamnation de principes que l'école libérale croyait être l'essence même des sociétés modernes ? Abandonnerait-il ses amis, ses anciens maîtres et collègues, ses protecteurs et aussi le Gouvernement, pour suivre avec éclat la vérité ?

Tandis que, malgré l'interdiction ministérielle de publier l'encyclique, nombre d'évêques publiaient les documents pontificaux ; tandis que, pour une autre fin, Mgr Dupanloup faisait paraître sa brochure sur « la Convention de septembre et l'Encyclique », l'évêque de Nancy, se souvenant à propos qu'il avait été, à la Rote, initié aux manières diplomatiques, pratiquait la « temporisation romaine ».

Enfin il se décida à parler dans son mandement de carême. Il rappela qu'à l'occasion de cet acte solennel et grave du Saint-Siège les passions ennemies de l'Église s'étaient déchaînées, soulevant une tempête dont il était malaisé de prévoir les résultats. Supposant que le texte de ces documents, dont on parlait tant depuis des semaines, était déjà entre les mains de tous, il se proposait, quand les esprits seraient un peu calmés, d'en exposer à ses ouailles le sens et la portée, dès que l'occasion lui en serait donnée. Cette occasion ne vint jamais ; l'année suivante, il n'était plus à Nancy. Il y eut là, il faut l'avouer, un petit fléchissement ; on peut d'autant plus facilement le constater que, plus tard, il brisa tous les liens, déjà bien lâches, qui l'unissaient avec certains tenants de l'école libérale et prouva, par son dévouement absolu, qu'il était le plus soumis des évêques aux directions données par le Souverain Pontife.

Le 15 novembre 1866, mourait à Alger Mgr Pavy. La « Semaine religieuse » de Nancy (encore une fondation de Mgr Lavigerie) raconta la mort édifiante de ce vaillant évêque qui était un grand Français et terminait l'article nécrologique en faisant des vœux pour que, en vue du bien de l'Église et de la France, ce siège important reçût un titulaire digne de lui.

Ce titulaire devait être l'évêque de Nancy lui-même. Le maréchal de Mac-Mahon, gouverneur général de l'Algérie, qui connaissait et appréciait l'évêque de Nancy, lui écrivait, le lendemain même de la mort de Mgr Pavy : d'après sa conviction intime, l'évêque de Nancy était le plus apte à prendre la direction du vaste diocèse d'Alger ; prévoyant qu'il serait consulté pour le choix qui allait être fait, le maréchal désirait savoir si Mgr Lavigerie accepterait cette proposition.

L'évêque de Nancy répondit le lendemain : « Je n'ai accepté l'épiscopat que comme une œuvre de dévouement et de sacrifice. Vous me proposez une mission pénible, un siège épiscopal de tout point inférieur au mien et qui entraîne avec lui l'exil, l'abandon de tout ce qui m'est cher. Vous pensez que j'y puis faire plus de bien qu'un autre. Un évêque catholique, Monsieur le Maréchal, ne peut répondre qu'une seule chose à une telle proposition. J'accepte ».

Le 12 janvier suivant, Mgr Lavigerie fut officiellement nommé archevêque d'Alger, car, sur ces entrefaites, l'immense diocèse avait été promu au rang d'archevêché et on en avait détaché deux diocèses suffragants, Oran et Constantine. Un incident remarquable faillit retenir en France celui qui devait devenir le grand cardinal africain. En acceptant son transfert à Alger il n'avait pas caché que son ambition était de faire pénétrer jusqu'aux indigènes l'influence salutaire du christianisme. On était, en haut lieu, profondément imbu d'idées préconçues en faveur de l'Islam et de l'impossibilité de convertir les indigènes au christianisme. On redouta que le zèle de l'actif et entreprenant archevêque ne créât des difficultés ; l'empereur le convoqua et lui proposa de renoncer à Alger, promettant de lui donner la coadjutorerie de Lyon. L'archevêque s'y refusa absolument.

En travaillant à la formation du clergé nancéen, dont il voulait transformer le système d'éducation, Mgr Lavigerie avait été amené à prendre des mesures qui avaient soulevé quelque émotion dans le clergé. Maintenant que l'on connaissait son prochain départ, cette émotion se manifestait avec un peu plus de liberté : il semblait qu'on n'avait plus rien à craindre de lui. Il le sut et voulut prouver que jusqu'à la dernière heure il était dépositaire légitime de l'autorité. Brusquement, en février 1867, en pleine année scolaire, Nancy et le diocèse apprirent que le vénérable supérieur du grand séminaire était nommé curé de Saint-Nicolas du Port et qu'on avait pourvu à son remplacement. Cette mesure excita comme de la stupeur ; puis on admira le courage de l'évêque : il estimait qu'un changement était nécessaire et il trouvait plus généreux de l'accomplir lui-même que d'en laisser la pénible responsabilité à son successeur.

On aime, en Lorraine, les caractères de cette trempe, et on le lui prouva lors de son départ.

Les quelques petits nuages, soulevés par le mécontentement ou l'opposition, avaient disparu au moment de la séparation. On ne voyait plus que la grandeur et l'éclat incontestables de ce rapide épiscopat.

Le diocèse conservait du passage si court de Mgr Lavigerie d'impérissables souvenirs. Outre les services inexistants jusqu'alors qu'il avait organisés, il avait su donner à tout un tel élan que, durant longtemps, les œuvres qu'il avait vivifiées et rajeunies devaient s'en ressentir.

Il y avait bien eu, dans l'exécution, quelques défectuosités dues à l'inexpérience des choses ou des gens, et le temps avait manqué à l'évêque pour les réparer ; mais on s'accordait à reconnaître qu'il avait, d'une façon éminente, l'intuition des grandes choses, le courage de les entreprendre et le génie de les mener à bout.

CHAPITRE IV

Les débuts à Alger
1867-1868

Arrivée à Alger. Premier mandement. Etat religieux de la colonie. Voyage à Rome : vœu sur l' « Hermus ». Popularité et oppositions La famine et les orphelinats. Difficultés avec le Maréchal de Mac-Mahon.

L'arrivée du nouvel archevêque à Alger fut triomphale. Par une belle journée de mai 1867, la frégate « Caton », mise par le gouvernement à la disposition du prélat, abordait au port militaire, tous ses mâts pavoisés, pendant que l'artillerie des forts répondait aux salves des navires.

Sur les quais se pressait une foule immense et bigarrée que la garnison sous les armes avait peine à maintenir en place. Au milieu de cette pompe, à laquelle la splendeur d'un soleil rutilant et le grandiose du décor ajoutaient un incomparable éclat, le prélat, dont tout le monde remarquait la jeunesse et la belle prestance, se rendit solennellement du débarcadère à la cathédrale. Il s'avançait majestueux et souriant entre les rangs pressés du peuple à genoux, et les Arabes eux-mêmes contemplaient avec respect « le grand marabout chrétien » qui venait de France dans un tel prestige.

Après la cérémonie religieuse l'archevêque se rendit, en grand cortège, de la cathédrale à l'archevêché. Il ne fut pas peu surpris de voir toutes les fenêtres et galeries intérieures de son palais épiscopal occupées par de nombreux groupes de dames en brillantes toilettes qui s'y épanouissaient comme chez elles, heureuses et fières de voir, et surtout de se faire voir. — Qu'est cela ? demanda-t-il, intrigué, à ses assistants. C'étaient les femmes des fonctionnaires tant civils que militaires. Il s'arrêta, fit arrêter le cortège et déclara péremptoirement qu'il n'entrerait chez lui que lorsque tout ce monde en serait sorti. Ce fut une débandade indescriptible : en quelques instants toutes ces dames s'éclipsèrent.

Ce fut alors que, une fois chez lui, Mgr Lavigerie reçut le clergé de la ville et du diocèse accouru pour lui présenter ses hommages.

Durant la vacance du siège il y avait eu, dans l'administration diocésaine, quelques petites difficultés, et l'archevêque, mis au courant par M. Girard, vicaire capitulaire, avait déclaré qu'il se montrerait sévère. Après avoir parlé avec une aimable courtoisie aux ecclésiastiques qui se pressaient autour de lui, Monseigneur, faisant une discrète allusion à ces faits regrettables, ajouta : « Demandez à M. Girard ce que je lui ai dit à Nancy ». Le vénérable ecclésiastique, jugeant avec beaucoup de sens qu'il pourrait être intempestif, en un tel jour, de laisser entrevoir des sanctions, répondit : « Monseigneur, vous m'avez déclaré que vous mettriez six mois à regarder, six mois à réfléchir, et que vous agiriez ensuite ».

Bien qu'elle ne fût pas celle que l'évêque attendait, la parole était authentique ; le prélat y souscrivit en souriant, et le clergé sut gré à son premier pasteur de cette promesse solennelle de sage temporisation. On n'aurait osé l'espérer, car on savait — ces choses-là se savent toujours — qu'à Nancy, en pareilles circonstances, il avait eu la main aussi prompte que ferme. Quelques jours après parut le premier mandement de l'archevêque à son clergé et à ses ouailles ; ce fut une œuvre magistrale.

« Je viens à vous à une heure solennelle pour l'Afrique chrétienne, à l'heure où la hiérarchie catholique ressuscite enfin dans sa plénitude sur ce sol abreuvé du sang des martyrs. L'Église et la France se sont unies pour relever ces gloires du passé, et elles m'envoient vers vous comme le messager de la vérité, de la charité et de la paix ».

Puis il trace le programme qu'il se propose de réaliser, programme grandiose qu'il se sent le courage d'entreprendre et la force de mener à bien.

« Faire de la terre algérienne le berceau d'une nation grande, généreuse, chrétienne, d'une autre France, en un mot ; répandre autour de nous les vraies lumières d'une civilisation dont l'évangile est la source et la loi ; les porter au-delà du désert jusqu'au centre de cet immense continent encore plongé dans la barbarie ; relier ainsi l'Afrique du Nord et l'Afrique centrale à la vie des peuples chrétiens, telle est, dans les desseins de Dieu, notre destinée providentielle ».

On peut se demander si ce n'est pas en vertu d'une lumière prophétique que le jeune archevêque d'Alger, en 1867, traçait, du fond de son cabinet de travail de Kouba, ce programme d'une hardiesse inouïe et qu'il devait, en moins de dix ans, réaliser point par point, en devenant successivement et presque par la force même des choses l'apôtre de la Kabylie, du Sahara, du Soudan et de l'Afrique équatoriale.

Il devait, en effet, paraître stupéfiant qu'il osât porter si loin les projets de son zèle, alors que dans son propre diocèse il y avait tout à faire.

Alger — l'ancienne Icosium de Mauritanie, El-Djezaïr des Arabes, évangélisé dès les temps apostoliques, désolé par les hérésies qui, durant les premiers siècles, déchirèrent le Nord de l'Afrique, ruiné par les Vandales, conquis par les Arabes et devenu depuis le xve siècle un repaire de pirates si redoutés de la chrétienté que le roi de France très chrétien avait composé avec eux — était, en 1867, une ville d'environ 60.000 habitants, dont 30.000 Européens. Français, Espagnols, Mahonais, Italiens, Maltais, Juifs y vivaient pêle-mêle, et ce mélange de gens de tous pays, dont ils étaient souvent l'écume, ne contribuait pas à faire de la ville un milieu très moral.

Sous la domination française les musulmans avaient non seulement conservé la plus entière liberté pour leur culte, mais ils jouissaient des faveurs évidentes du gouvernement : les imans et muphtis étaient rétribués, les écoles coraniques reconnues officiellement ; on allait même jusqu'à transporter gratuitement, ou à peu près, les Arabes pauvres qui voulaient faire le pèlerinage à La Mecque. Et d'autre part, dans les hautes sphères politiques, on feignait de craindre que le catholicisme, par la manifestation du zèle apostolique qui lui est essentiel, n'excitât le fanatisme musulman, et, pour prévenir l'ombre même de tout conflit, on était loin d'accorder aux catholiques la liberté qu'on accordait si libéralement aux sectateurs de l'Islam.

La consigne semblait être : le Coran aux indigènes ; aux colons qui le revendiquent, l'évangile. Et il faut avouer que la plupart des premiers colons algériens n'étaient pas de nature à faire honneur à l'évangile, dont ils ne se souciaient guère.

L'Algérie avait, dès l'abord, été regardée par le gouvernement de la métropole comme une sorte d'exutoire pour la mère-patrie. On avait, à Paris et en province, écrémé les émeutiers de 1830, et le produit de cette sélection avait été envoyé en Algérie. On procéda de même après les émeutes de 1848 par mesure de salubrité morale. Si on ajoute à des sources de colonisation aussi troubles l'apport des pénitenciers militaires, compagnies de disciplines et bataillons d'Afrique, on comprendra que, dans un milieu ainsi choisi, on ne se soit guère soucié de ménager une place à l'Église catholique et à son culte. Le frein qu'elle impose aux mœurs, les pensées qu'elle réveille dans les esprits, tout en elle était odieux à des gens lancés dans de semblables voies. Ce ne fut qu'une dizaine d'années après les débuts de l'occupation que le gouvernement s'occupa d'organiser dans la colonie le service religieux, et cela, on a honte de le dire, grâce aux reproches insultants qu'Abd-el-Kader adressait aux Français de n'avoir, comme des chiens, ni religion, ni culte, ni prêtres.

En 1867, à l'arrivée de Mgr Lavigerie, le clergé algérien était notoirement insuffisant et la plupart des centres de colonisation européenne étaient sans église. Ardent et entreprenant, l'archevêque d'Alger disait à son clergé : « Je suis désolé de l'état de pauvreté et d'insuffisance du plus grand nombre de nos églises paroissiales, et il ne tiendra pas à moi que des améliorations ne soient apportées à un état de choses si pénible pour vous ». Il tint parole, et, le 12 septembre, à Biarritz, il allait plaider victorieusement, devant l'empereur, la cause de son Église algérienne.

Il s'était rendu en France en passant par Rome, où Pie IX invitait les évêques du monde entier à venir célébrer le 18ᵉ centenaire des apôtres Pierre et Paul. Le voyage l'avait un peu fatigué, et, comme on avait signalé en ville quelques cas de choléra, le prélat se crut, un moment, atteint de la terrible maladie.

Revenant de Marseille à Alger à bord de l'« Hermus » le 23 septembre, Mgr Lavigerie connut un tout autre danger, bien réel celui-là. La mer en furie rompit la barre du gouvernail ; le navire ne gouvernait plus. La panique se mit parmi les passagers, qui étaient environ 700 : « Quelles scènes ! écrivait ensuite l'archevêque à l'abbé Bourret. Qui n'a pas entendu les adieux à la vie de l'abbé Postel et de sept ou huit dames qui étaient là n'a rien entendu ! Pour moi j'avais fait mon sacrifice, et je n'aurais pas cru que la chose fût si facile ».

De l'aveu de tous, le prélat fut admirable de courage et de sang-froid. Il exhorta les passagers à faire un vœu à Notre-Dame d'Afrique, et l'idée fut aussitôt acceptée. Peu après, on parvint, malgré la rage de l'ouragan, à installer un gouvernail de fortune et la tempête finit par s'apaiser. La traversée, qui d'ordinaire durait une trentaine d'heures, demanda six jours. Quand il débarqua, l'archevêque trouva à Alger le choléra. « Notre tempête a eu cela de bon, écrivait-il le 8 octobre, qu'après avoir vu la mort de si près, le choléra ne nous fait plus rien. Il est à Alger. Je suis allé visiter les hôpitaux... Je n'ai pas la moindre appréhension personnelle ».

Un mois, jour pour jour, après la fameuse traversée, l'archevêque, accomplissant le vœu fait sur le navire en détresse, instituait une touchante et grandiose cérémonie qui se déroule encore chaque dimanche sur l'esplanade de Notre-Dame d'Afrique.

« J'ai voulu, disait-il, qu'on allât prier chaque semaine sur cette tombe immense qui recouvre comme d'un drap mortuaire les ossements de tant de chrétiens ». Et il instituait à Notre-Dame d'Afrique une association de prières pour les marins, décidant que, chaque dimanche, à l'issue des vêpres, une absoute solennelle serait chantée pour tous les marins ensevelis dans les flots. Après l'office le clergé et les fidèles sortent de l'église et se dirigent vers la pointe extrême de la terrasse, d'où l'on embrasse un magnifique panorama de mer. C'est là que s'arrête la croix. Un drap mortuaire est tenu étendu comme pour couvrir l'immense tombe des eaux ; on chante le *Libera* et des prières pour les morts, on récite le *Pater* et par trois fois on élève l'encensoir vers les trois points de l'horizon où s'étendent les flots bleus de la Méditerrannée. Nul spectacle n'est aussi impressionnant que cette absoute solennelle donnée à la sépulture profonde qui a englouti tant de victimes.

Dès le début de son épiscopat algérien Mgr Lavigerie, comme il l'avait fait à Nancy, s'occupa d'organiser dans son diocèse l'enseignement ecclésiastique à tous les degrés. Il insistait sur la connaissance de l'arabe : c'est un instrument d'apostolat, il faut savoir le manier, et il décidait qu'il n'ordonnerait plus un seul prêtre qui ne possédât suffisamment cette langue. Plus encore qu'à Nancy, car c'était plus nécessaire, le prélat manifesta son zèle pour la maison de Dieu. La plupart des églises alors existantes n'étaient que des hangars ou des maisons de colons transformées tant bien que mal, c'est-à-dire plutôt mal que bien. En quelques mois il commença, soit à Alger, soit dans les environs, la construction de cinq églises, et il aida très efficacement les curés qui voulaient édifier des églises dignes de ce nom.

Entreprenant comme il l'était, Mgr Lavigerie eut vite fait de se heurter aux multiples difficultés qui naissaient, en Algérie, des inconvénients de la centralisation administrative. Déjà très oppressive en France, celle-ci devenait intolérable là-bas, quand les affaires les plus urgentes devaient être traitées à Paris, en dépit de la distance et surtout de la différence de milieux.

En une circonstance mémorable l'archevêque saisit l'occasion de revendiquer hautement, pour la colonie et les colons, un peu plus d'initiative et de liberté. Ce fut le fondement de sa popularité en Algérie ; dès ce jour les colons comprirent que leur archevêque était leur homme. Mais ce fut aussi une pierre d'achoppement dans ses rapports avec les grandes administrations de la colonie.

Durant les derniers jours de 1867 on inaugurait à Maison-Carrée, dans une grande exploitation agricole, l'emploi de charrues à vapeur. Les dignitaires de la colonie étaient là ; Mgr Lavigerie s'y était rendu pour bénir les machines. Il y eut naturellement toute une série de discours officiels où, après l'éloge obligatoire de l'empereur, on donnait à l'envi de multiples témoignages de satisfaction à la meilleure des administrations dans la plus prospère des colonies.

Malgré le feu de ces discours, le public restait froid. Avant de procéder aux rites liturgiques, l'archevêque voulut prendre la parole :

« Ce sol, dont la vapeur va ouvrir les sillons fermés depuis tant de siècles, verra germer bientôt des moissons qui feront votre richesse. Mais, quelque grand que soit ce bienfait, l'exemple qui vous est donné aujourd'hui est un bienfait plus grand encore. L'Algérie doit le comprendre chaque jour davantage : elle ne doit demander son salut qu'à elle-même ; elle possède tous les éléments de vitalité, de prospérité, de richesse, et, s'il lui manque quelque chose, c'est seulement une confiance plus grande dans la libre expansion de ses forces... »

Il termina par cet appel :

« Je forme trois vœux :

« Le premier, je l'adresse à la France, à laquelle je demande, pour l'Algérie, des libertés plus larges.

« Le second, je l'adresse à vous, à qui je demande de sortir de cette routine qui attend tout de l'État et lui demande tout.

« Le troisième, je l'adresse à Dieu, à qui je demande chaque jour de vous bénir en proportion de vos efforts et de vous préparer, parmi les nations, une place d'autant plus glorieuse que vous aurez mieux répondu vous-mêmes aux bénédictions d'En-Haut ».

Ces paroles traduisaient parfaitement les besoins et les aspirations générales de l'heure présente, et la chaleur enthousiaste des applaudissements qui en soulignèrent les principaux passages et la fin contrasta singulièrement avec la froideur de ceux qui avaient accueilli l'éloquence officielle.

Les colons étaient conquis, mais les fonctionnaires conçurent une sourde hostilité contre ce prélat novateur qui, d'une main trop vigoureuse, secouait l'inertie de l'administration. Cette hostilité allait se manifester par une opposition systématique et des actes regrettables du parti-pris le plus aveugle.

Cela se vit d'abord dans le refus qui fut opposé au prélat d'établir en Kabylie des dispensaires où les indigènes pourraient venir se faire soigner. De nombreuses djemaas (conseils municipaux) avaient demandé la faveur de ces établissements ; l'archevêque s'engageait à les établir à ses frais, à n'y laisser faire aucune propagande directe contre l'Islam ; il en avait parlé à l'empereur qui, en principe, ne s'y était pas opposé et l'avait adressé à l'administration de la colonie.

La Providence allait, par un de ces grands coups où il est difficile de ne pas reconnaître son action, bousculer la paperassière inertie des bureaux, paralyser l'opposition des fonctionnaires et mettre, par la force même des choses, l'ardent archevêque à même d'accomplir les desseins apostoliques de son âme généreuse.

La famine allait jeter entre ses bras des centaines, des milliers d'indigènes qu'une ombrageuse et sectaire mesquinerie politique s'obstinait à vouloir retenir loin de lui.

Nous avons vu qu'en septembre 1867 le choléra était venu s'abattre sur l'Algérie. La population indigène avait été décimée. L'Arabe, surtout celui des campagnes, ne sait ni se soigner ni se guérir ; quand la maladie fond sur lui, il va chercher auprès de son marabout une amulette qui soit de nature à conjurer le mauvais sort. Si la maladie s'obstine, c'est que « c'était écrit » ; il ne lui reste plus qu'à se résigner à la volonté d'Allah : il se drape dans son burnous en lambeaux et attend la mort en prononçant la « chehada » (formule de foi musulmane).

On évalue à 60.000 le nombre des victimes du choléra en cette année 1867, et c'était pour venir en aide aux indigènes, ignorants de toute hygiène, que l'archevêque avait voulu créer, en Kabylie, les dispensaires dont nous venons de parler.

Devant ces 60.000 morts, dont un grand nombre auraient été sauvés par les soins qu'il voulait leur faire donner, Mgr Lavigerie avait la partie belle. Quelles protestations vengeresses ces terribles statistiques allaient arracher à son âme d'apôtre et à son cœur de Français ! Mais au choléra succéda un fléau plus terrible encore, et l'archevêque fit mieux que de protester, il agit : le temps pressait.

Au printemps de 1868, des nuées de sauterelles s'abattirent sur l'Algérie avec une abondance telle qu'en certains endroits la marche des trains en fut entravée.

Les invasions de ces terribles acridiens sont toujours, pour l'Algérie, une calamité redoutable ; cette année-là, succédant au choléra, ce fut une catastrophe. Ils eurent vite fait de dévorer toute végétation ; herbes, feuilles, récoltes de blé, d'orge, de seigle, vignes, oliviers, figuiers, tout fut anéanti ; l'écorce même des arbres était rongée. Il ne resta plus rien à faucher, à moissonner, à cueillir, à manger ; c'était partout le désert et la ruine. Les indigènes qui n'avaient pas de réserves se trouvèrent dénués de tout ; il ne leur restait plus qu'à mendier ou à mourir de faim. A la famine s'ajouta bientôt la peste, sa compagne habituelle. Chassés, par la nécessité, de leurs champs dévastés et de leurs pauvres demeures, les plus courageux ou les moins affaiblis vinrent chercher du secours dans les centres européens. De longues bandes d'indigènes déguenillés, hâves, vrais squelettes ambulants, rongés de faim, tremblants de fièvre, se traînaient lamentablement vers les cités, semant les routes de morts et de mourants. On en trouvait, chaque matin, des groupes de 6, 8, 10 morts de faim sur le talus des fossés, auprès des bornes des chemins. Le service de la voirie ne suffisait plus à l'enlèvement des cadavres.

La faim est mauvaise conseillère et, dans la campagne, des groupes de vagabonds attaquaient les fermes européennes isolées, pour les piller, et les colons devaient se défendre à coups de fusil.

« On rencontrait à chaque pas, dit un témoin de ces horreurs, de ces squelettes ambulants : femmes portant des enfants moribonds sur leur sein desséché, enfants abandonnés mourants, et tout cela enveloppé du sombre voile et du morne silence que l'islamisme jette sur la souffrance et sur la mort ».

Il y eut des scènes horribles du plus atroce cannibalisme. Malgré les efforts faits pour cacher toute l'horreur de la vérité, celle-ci finit par se faire jour, et de toutes parts on s'émut. On adressa aux Chambres une demande d'allocation qui fut généreusement accordée ; on fonda, tant en France qu'en Algérie, des comités de secours ; on fit des appels à la charité privée ; mais la mort était là, et elle n'attendait pas, elle, pour agir, que les comités eussent délibéré ni que les Chambres eussent voté des crédits.

L'archevêque, au spectacle de ces atroces misères, manifesta la promptitude de décision dont il était coutumier ; la charité du Christ le pressait, et, tandis que les autorités administratives délibéraient et faisaient des plans, lui descendit sur les routes et ramassa tous ces mourants, secourut toutes ces misères.

Un jour qu'il sortait de la ville, il vit se traîner vers lui un petit garçon d'une dizaine d'années, rongé de vermine, tremblant de fièvre, mourant de faim.

— D'où viens-tu, mon enfant ?

— De la montagne, loin..... loin...

— Et tes parents, où sont-ils ?

— Mon père est mort, ma mère est dans son gourbi.

— Pourquoi l'as-tu quittée ?

— Elle m'a dit : « Il n'y a plus de pain ici, va dans les villages des chrétiens ! » Et je suis venu.

— Qu'as-tu fait pendant la route ?

— Le jour, j'ai mangé de l'herbe dans les champs ; la nuit, je me cachais pour que les Arabes ne me voient pas, car ils tuent les enfants pour les manger.

— Et maintenant, où vas-tu ?

— Je ne sais pas.

— Veux-tu aller chez un marabout arabe ?

— Oh ! non, car, lorsque je suis allé chez eux, ils m'ont chassé, et, si je ne partais pas assez vite, ils lançaient leurs chiens contre moi.

— Veux-tu rester avec moi ?

— Oui, je veux bien.

— Eh bien ! viens dans la maison de mes enfants ; je te traiterai comme eux et tu t'appelleras Charles comme moi.

A la grande charité du prélat il fallait cette grande misère. Le contact de cette poignante détresse venait de faire jaillir de son cœur une initiative charitable dont devait sortir une de ses œuvres les plus fécondes et les plus durables.

Et il ouvrit à ces pauvres enfants, qu'on trouvait errants sur les routes, ses maisons hospitalières. Chaque jour, dans des prolonges empruntées à l'armée, on en voyait arriver dix, vingt, trente et plus. Il fallut tout organiser, tout fournir.

Ces pauvres enfants arrivaient déguenillés, couverts de vermine ; on les désinfectait et on les habillait ; malades, on les soignait avec sollicitude. En quelques semaines l'archevêque en eut près de 2.000 à sa charge.

Infatigable, il reprit son bâton de voyageur et vint en France mendier pour ses enfants. Avec cette simplicité naturelle et pénétrante qu'est l'éloquence même des choses le prélat racontait la détresse de ses ouailles, la mortalité effrayante causée par la famine et la peste, l'abandon de ces pauvres petits enfants qu'il avait recueillis.

Le bon grain de la charité ainsi semé à profusion, l'archevêque s'en revint en Algérie, confiant qu'en terre de France de telles semailles ne peuvent que produire des fruits abondants. Son espoir ne fut pas trompé ; les secours arrivèrent et il put étendre le champ de sa charité.

Sur ce terrain encore l'opposition mesquine de l'administration chercha à se manifester. L'étroit sectarisme de quelques chefs de bureau feignit de voir, dans les asiles secourables ouverts par Mgr Lavigerie, des foyers de propagande religieuse inquiétante pour la paix de la colonie.

Hardiment l'archevêque revendiqua le droit d'empêcher de mourir ceux que l'incurie administrative n'avait pas su faire vivre.

Il fut bien pénible à l'archevêque de constater que ces intrigues avaient trouvé un écho favorable, non seulement auprès du gouvernement général de l'Algérie, mais encore auprès du gouverneur général lui-même. Le maréchal de Mac-Mahon partageait les idées en vogue sur « la création d'un royaume arabe » — l'expression venait de l'empereur lui-même —; il craignait de froisser « la conscience délicate des Arabes », et, poussé par son entourage, il prit des mesures devant lesquelles la conscience de l'archevêque se révolta.

Déjà, l'année précédente, le prélat avait dû en appeler

à l'empereur d'une décision prisepar le gouverneur et avait eu quelque peine, à Paris et à Biarritz, à faire agréer ses raisons et valoir ses droits et devoirs de pasteur des âmes.

Maintenant on le menaçait de lui arracher les enfants qu'il avait recueillis, adoptés ; on prétendait qu'il abusait de leur détresse pour leur imposer le baptême. Et on lui signifia qu'il devait rendre les orphelins, ses enfants, à leurs tribus.

Fort de son droit, de la justice de sa cause et du désintéressement de sa charité, l'archevêque en appela à l'opinion publique ; dans une lettre ouverte au maréchal de Mac-Mahon il exposa magistralement les faits dans leur réalité : « Mieux que personne, Monsieur le Maréchal, vous savez ce que valent les odieuses insinuations d'une presse antichrétienne : que je veux faire payer, par le sacrifice de leur religion, à ces pauvres Arabes, le pain que leur distribue, par mes mains, la charité catholique. Non, Monsieur le Maréchal, il n'en va pas, il n'en ira pas ainsi de la part d'un évêque. Je n'ai pas dit ni laissé dire un mot dans ce sens aux Arabes que je secours...

« Mais je m'arrête à des détails, alors que votre lettre a évidemment une portée plus haute. Elle n'est, en effet, que la conséquence d'un système malheureusement suivi jusqu'à ce jour en Algérie à l'égard des indigènes ».

Et, après avoir rappelé succintement les mesures tracassières dont ses précédesseurs avaient eu à souffrir, il continue :

« Je devais voir se continuer les mêmes épreuves.

« Malgré l'autorisation que j'en avais obtenue d'une haute bienveillance, je n'ai pu parvenir à établir en Kabylie, à mes frais, même de simples maisons de sœurs pour distribuer aux indigènes, qui les demandaient, des médicaments ou des aumônes.

« Lorsque la famine a étendu ses ravages sur l'Algérie, j'ai voulu accomplir mon devoir d'évêque en recueillant les orphelins ; et voici que j'entends autour de moi des paroles inquiétantes pour l'avenir de mon œuvre ».

Il proteste alors avec énergie contre les ordonnances d'après lesquelles ces orphelins seraient arrachés aux asiles qui les abritaient pour être rendus à leurs tribus.

« Il n'en sera pas ainsi sans que je fasse entendre au monde une protestation solennelle.

« A leurs pères, à leurs mères, je les eusse rendus sans difficulté ; mais je suis le père de tous ceux de ces enfants dont les pères, dont les mères, dont les tuteurs n'existent plus. Ils m'appartiennent, parce que la vie qui les anime encore, c'est moi qui le leur ai conservée. C'est donc la force seule qui les arrachera de leurs asiles, et, si elle les en arrache, je trouverai dans mon cœur d'évêque de tels cris qu'ils soulèveront contre les auteurs de ces attentats l'indignation de tous ceux qui méritent encore sur la terre le nom d'hommes et de chrétiens ».

Il termine en faisant vigoureusement le procès du système d'administration qui réglait les rapports des Européens avec les Arabes.

La population algérienne répondit à cette lettre en acclamant l'archevêque ; de toutes parts lui arrivaient des adresses couvertes de signatures lui disant que « toute l'Algérie espérait en lui ». Le maréchal s'entêta. Fort de son droit, l'archevêque ne pouvait pas céder. Le litige fut porté devant l'empereur, qui, voulant faire cesser tout ce bruit, proposa au prélat

un des sièges les plus considérables de la métropole.
L'archevêque répondit « qu'accepter un tel accommo-
dement serait son déshonneur et celui de l'Église ».

Finalement il obtint gain de cause, mais le maréchal de Mac-Mahon, ainsi que l'administration
algérienne, ne le lui pardonnèrent jamais.

Quelque temps après, dans une lettre publique
adressée à l'Œuvre des Écoles d'Orient, Mgr Lavigerie exposa les faits tels qu'ils étaient, ses plans tels
qu'il les concevait, et les légitimes espérances qu'il
était en droit d'attendre de cette œuvre des orphelinats.

Cette lettre, nette, décisive, avec son programme
bien délimité, ses fermes déclarations, l'esprit de
résolution qui l'animait, était le manifeste de
l'apostolat africain tel que l'archevêque d'Alger
allait être amené à le pratiquer.

CHAPITRE V

Orphelinats arabes. Colonisation chrétienne
1868

Formation des orphelinats. Plan de l'archevêque d'Alger.
Guerre de 1870 et ses effets en Algérie ; révolte kabyle,
commune à Alger, Constantine. Premiers baptêmes d'orphelins. Premiers mariages et installation aux Attafs.
Opposition et refus de crédits (1875).

Dans les maisons ouvertes pour les recevoir, les orphelins s'entassaient ; il en mourait beaucoup qui avaient été recueillis trop tard ou qui étaient trop profondément atteints pour que les soins qu'on leur prodiguait pussent les guérir. Presque tous ceux qui succombèrent reçurent le sacrement qui donne la vie chrétienne. L'ambition secrète de l'archevêque, en les recueillant, était de les amener, par le spectacle de la charité chrétienne, à l'amour du Dieu qui en inspire les dévouements ; ces jeunes prédestinés, brûlant les étapes, s'en allaient tout droit à Dieu, source de toute charité, et leurs prières, devenues toute-puissantes, allaient intercéder en faveur de leurs frères de race qu'ils avaient laissés sur la terre. Grâce à Dieu, la plupart des enfants ainsi ramassés sur les routes et menés à l'archevêque se remirent des terribles épreuves qu'ils avaient traversées. Qu'allaient-ils devenir ?

Le prélat les avait adoptés ; il entendait, après les avoir arrachés à la mort, les arracher aussi à la misère, au vice et à l'erreur. Il voulait en faire des hommes et des hommes de bien, aptes à gagner honorablement leur vie et à se faire une place à eux dans la société. Selon leurs aptitudes, on les répartit en six orphelinats où, selon leur sexe et leur âge, on les appliqua à des travaux proportionnés à leurs forces. On leur faisait apprendre les divers métiers pour lesquels ils manifestaient le plus de goût, afin de les orienter dans une voie où ils pussent arriver, non seulement à se suffire, mais à devenir de bons ouvriers, capables de gagner la vie de la famille qu'ils étaient destinés à fonder. On choisit avec le plus grand soin des patrons chrétiens qui formèrent des maçons, des forgerons, des charpentiers, des menuisiers, des cordonniers, des boulangers, des bouchers et qui, avec l'esprit de travail, leur inspiraient la légitime fierté d'être fils de leurs œuvres.

Les filles étaient appliquées, dans les ouvroirs, aux travaux du ménage et de la cuisine, initiées à la couture, à la broderie, au blanchissage et repassage, où elles déployaient une grande adresse.

Le plus grand nombre étaient surtout initiés aux travaux agricoles auxquels, selon ses plans, leur père adoptif les destinait presque tous. La joie du prélat était grande de les voir partir dès le lever du soleil, portant pioches et pelles sur l'épaule et chantant allègrement des refrains arabes : « Je voudrais, disait-il, que la France entière les vît avec moi ». Il avait acheté de grandes propriétés agricoles où il les établit : ainsi on les initierait à la vie de travail ; de plus, par ce même travail, ils mettraient en valeur les espaces incultes et diminueraient la lourde charge de leur entretien.

Le spectacle des vertus et de l'inlassable charité que leur manifestaient les personnes chargées de la direction de ces divers établissements fut auprès de ces enfants la meilleure prédication de la religion chrétienne. La persuasion pénètre plus vite et plus profondément par le cœur que par l'esprit.

Peu à peu le rêve si cher au cœur de l'archevêque semblait vouloir se réaliser : ces enfants, devenus chrétiens de cœur, demandaient le baptême à grands cris. Allaient-ils être les prémices de ce grand mouvement de christianisation et d'assimilation des Arabes que, dès les premiers mois de son épiscopat algérien, le prélat avait souhaité ? « Je me disais, notait alors Mgr Lavigerie, qu'en effet ces enfants pourraient bien être un jour les vrais sauveurs de leur peuple. Pour le sauver, il faut l'aimer, et eux l'aimeront de ce double amour qu'inspirent aux âmes la patrie du temps et celle de l'éternité ».

Avides du baptême qui les ferait enfants de Dieu, ces jeunes orphelins portaient une sainte envie à ceux d'entre eux qui, malades ou mourants, recevaient ce sacrement tant désiré. Chaque fois que l'archevêque venait voir ses enfants, c'étaient de nouvelles, ardentes, naïves et touchantes supplications ; mais il fallait être prudent, et il attendait.

Enfin l'heure vint où la prudence humaine fut satisfaite et où les désirs si ardents de ces jeunes gens allaient être réalisés. Le 25 octobre, à Notre-Dame d'Afrique, assisté de l'évêque d'Oran, venu tout exprès à Alger pour la cérémonie, l'archevêque conféra le baptême à quelques-uns de ses enfants. Humbles prémices d'une régénération si vainement désirée depuis des siècles.

Les plans que faisait le prélat commençaient à se réaliser : ses enfants adoptifs devenaient chrétiens, honnêtes, laborieux, et il s'en montrait fier : « Sur

les vastes terrains que j'ai achetés dans la plaine du
Chéliff, expliquait-il, je créerai des villages d'Arabes
chrétiens. Nous formerons des familles en unissant
nos orphelins et nos orphelines, nous donnerons à
chacune d'elles la quantité de terre qui lui sera nécessaire pour vivre et pour nourrir ses enfants. De ces
groupes de 20, 30 ou 40 jeunes ménages nous ferons
un village auquel nous serons heureux de continuer
notre appui ».

Et il affirmait avec raison que si, dès les débuts de
la conquête, on s'était ainsi comporté envers les
Arabes, l'assimilation serait chose faite.

Se laissant aller, comme fait une mère, aux rêve-
ries que lui suggérait son affection, le prélat se sur-
prenait à désirer que sa tombe fût placée dans un de
ces villages arabes chrétiens fondés par lui. Il lui
semblait, avouait-il, qu'il dormirait mieux son dernier sommeil au milieu de ces enfants qui étaient
vraiment ses fils par la reconnaissance et par la ten-
dresse. Et il ajoutait, non sans une pointe de mélancolie : « Ces âmes auxquelles j'aurai tout sacrifié
et que mon ministère aura régénérées, obtiendront
mieux miséricorde pour les péchés de ma vie ».

La guerre de 1870-71 avait porté un rude coup aux
œuvres de l'archevêque, soutenues par la seule charité des catholiques de France. Alors que l'ennemi,
envahissant progressivement le territoire de la métropole, refoulait nos armées vaincues et les obligeait
à déposer les armes, la révolte grondait, puis éclatait
en Kabylie. Soulevés et fanatisés par El Hadj Mokra-
ni, les Kabyles attaquaient, pillaient, brûlaient les
villages de colonisation et massacraient tout Européen qui tombait entre leurs mains. Ils voulaient,
proclamaient-ils bien haut, jeter à la mer tous ces

chiens de « roumis » qui étaient venus les déposséder de leur pays. Les colons se défendirent avec énergie ; le curé de Palestro, qui avait recueilli dans son église tous les colons français des environs, paya de sa vie le zèle qu'il apportait à défendre ses ouailles.

L'archevêque fit faire à ce digne et vaillant pasteur de magnifiques funérailles qui furent un triomphe pour la religion.

L'alerte fut chaude en toute l'Algérie, et ce ne fut que grâce à la ferme et prudente direction de l'amiral de Gueydon, envoyé en toute hâte de France avec une poignée d'hommes, que l'insurrection fut réprimée et le calme rétabli. L'archevêque, par son influence personnelle, avait puissamment aidé l'amiral-gouverneur à obtenir vite et bien ce résultat.

Mgr Lavigerie tirait des événements si regrettables dont la Kabylie venait d'être le théâtre ces salutaires leçons : « Heureux si ces épreuves nouvelles, si douloureuses qu'elles soient, font enfin ouvrir les yeux à la France sur le rôle antinational, antichrétien qu'on lui fait jouer, dans ce pays, depuis la conquête ! Les Kabyles, descendants des anciens chrétiens de l'Afrique, qui n'avaient nul fanatisme lors de notre conquête, nous apprennent en ce moment à quoi aboutit un système qui place le Coran au-dessus de l'Évangile, qui a soigneusement entretenu et développé le fanatisme indigène par la construction de mosquées, la fondation de collèges musulmans, les pèlerinages à la Mecque. Sous nos auspices, des marabouts et des khouans se sont installés en Kabylie. Avec l'argent de la France, nous y avons fondé des écoles musulmanes. Eh bien ! voici que ce fanatisme protégé, fomenté par nous, éclate au grand jour dans l'incendie de nos villages et le massacre de nos populations. Ce spectacle ouvrira-t-il enfin tous les yeux ? Comprendra-t-on que ce que fait ici la France est aussi odieux qu'absurde ? Comprendra-t-on qu'il ne faut point parquer les Arabes dans leur Coran, mais les assimiler, les noyer, si j'ose dire, dans la pacifique invasion de colons vraiment chrétiens, non pas afin de créer un royaume arabe, mais une colonie française et chrétienne ? »

Durant ces longues semaines d'épreuves, alors que les esprits des indigènes était surexcités, quelques orphelins, pas les meilleurs, gagnés par les insinuations malveillantes des Arabes qui les approchaient, quittèrent les maisons hospitalières où les avait accueillis la charité de l'archevêque pour retourner à leurs tribus et à l'Islam. Ce fut pour le prélat une immense douleur.

La Commune de Paris eut un petit écho à Alger. La ville fut quelques semaines en proie à l'anarchie ; les clubs étaient tout-puissants, les gouverneurs-généraux militaires envoyés de la métropole étaient reçus par des huées et ramenés sans gloire au port, où on les rembarquait brutalement pour la France.

La vie de l'archevêque fut dure en ces temps-là ; il était en butte aux accusations les plus absurdes, et, quand il sortait, il entendait de sinistres camelots, crieurs de journaux, annoncer au public les faits et gestes du « citoyen Charles ».

C'est sur ces entrefaites que Mgr de Las Cases, évêque de Constantine, qui, comptant sur l'appui de l'empereur et de ses hautes relations personnelles, avait entrepris toute une série de travaux pour son diocèse et voyait tous ces appuis, qu'il croyait sûrs, s'effondrer tout à coup, tomba malade et fut obligé de démissionner. Il fallait tirer du gouffre l'honneur

de cette Église naissante. L'archevêque d'Alger, déjà
débordé et surchargé, dut entreprendre ce sauvetage,
et il y réussit. Mais ce fut une charge bien onéreuse
et il dut, pour mener l'affaire à bonne fin, faire bien
des démarches et s'imposer un surcroît de fatigues
qui ébranlèrent fortement sa santé.

En septembre 1873, de retour d'une saison en
France, Mgr Lavigerie jugea le moment venu de
mettre au point l'œuvre toujours caressée de la création de villages chrétiens aux Attafs. Pendant que,
dans son esprit fécond et dans son cœur d'apôtre,
il mûrissait ses projets, ses pupilles mûrissaient, eux
aussi, et il fallait songer à leur donner un établissement définitif. On ne pouvait garder indéfiniment
dans les orphelinats ces jeunes hommes et ces jeunes
filles qui aspiraient légitimement à un genre de vie
plus indépendant.

Ce fut vite fait.

Un jour l'archevêque, arrivant à Saint-Charles,
pria la supérieure de l'orphelinat de choisir douze
orphelines parmi les aînées et de leur demander, de
sa part, si elles voulaient épouser des garçons arabes
de Maison-Carrée. Prises au dépourvu, les jeunes
filles se récrièrent d'abord, du moins pour la forme,
puis l'une d'elles aquiesça, puis une seconde, puis toutes, à une proposition qui, au fond, les ravissait
d'aise.

On les conduisit au prélat qui, bonnement et pater-
nellement, leur expliqua ses desseins. Il leur parlait
encore quand douze garçons furent introduits et la
présentation se fit séance tenante. L'archevêque se
plaisait à ces coups de théâtre.

Chacun des jeunes gens fut invité à faire son choix
et, pour faciliter la chose, on leur laissa quelque

temps de liberté dans le jardin des sœurs pour se connaître, s'apprécier, se plaire et se déterminer. Et ce fut à l'ombre des orangers, sous le regard maternel des bonnes religieuses, un spectacle peu banal. Quand ils rentrèrent devant l'archevêque, chacun avait choisi, et le prélat leur parla gravement de leur futur établissement.

Quinze jours après, aux Attafs, devait avoir lieu le mariage ainsi que la prise de possession des maisons et champs que le père adoptif offrait comme dot à chaque nouveau ménage. Au jour fixé, le prélat se rendit dans la plaine du Chéliff pour bénir les mariages et installer ses enfants. Ce fut une belle fête.

L'après-midi, après avoir exhorté les futurs époux au bon service de Dieu et à l'amour constant et fidèle, le pontife leur donna la bénédiction nuptiale ; chaque couple vint ensuite tirer au sort la maison, les champs, les bœufs qui devaient lui échoir. Puis, au chant des litanies de la sainte Vierge, on parcourut processionnellement le village, croix en tête ; l'archevêque s'arrêtait devant chaque maison, l'aspergeait d'eau bénite et, remettant les clefs aux nouveaux propriétaires, y introduisait le ménage qui devait l'habiter et qui en prenait immédiatement possession.

Le lendemain, sur la grande place du village, le prélat offrit aux Arabes des montagnes et tribus voisines une « diffa » monstre. Sur de grands feux, des moutons alignés rôtissaient tout d'une pièce ; des monceaux de couscouss avaient été préparés. Tout fut servi avec abondance et tout disparut. De mémoire d'homme on n'avait vu pareille fête : on en parla longtemps sous les tentes. Les vieux Arabes des environs disaient, en hochant leur tête chenue, qu'il n'y avait qu'Allah et le grand marabout à donner ainsi à ses enfants une maison et des terres, et à toute une foule un pareil festin.

Avant de quitter cette chrétienté naissante, Mgr Lavigerie, qui voulait faire de ce premier village la prédication et la démonstration du véritable mode de l'assimilation nationale et religieuse des Arabes, laissa à ce sujet des prescriptions détaillées. Il avait pris soin de tout, aussi bien des intérêts temporels que des intérêts spirituels, et on ne sait qu'admirer le plus ou de son esprit pratique d'organisation ou de son cœur si affectueusement paternel.

S'il aimait ses enfants, ceux-ci le lui rendaient bien. Spontanément ils avaient modifié la formule liturgique employée dans les églises de l'archidiocèse, et, au lieu de dire comme partout : « Prions pour notre archevêque », ils disaient : « Prions pour notre père ».

Quelques mois plus tard, huit autres ménages vinrent s'installer aux Attafs dans les mêmes conditions et avec les mêmes cérémonies que les premiers.

Les mariages, cette fois, avaient été un peu moins impromptus : l'expérience avait appris qu'en fait de mariage, comme en beaucoup d'autres choses, faire vite n'est pas toujours synonyme de faire bien. Le sacrement, tout en donnant les grâces nécessaires, pour vivre dans l'état qu'il inaugure et consacre, produit des fruits de paix et de bon accord beaucoup plus abondants quand on a pris soin de préétablir l'harmonie des caractères, chose qui ne se connaît pas au premier coup d'œil. Il avait donc été décidé qu'au préalable on ménagerait aux jeunes gens des occasions assez fréquentes de se rencontrer afin que le choix pût être plus éclairé et les unions contractées en meilleure connaissance de cause.

Conduits au travail par les Pères, les jeunes gens avaient le loisir d'examiner les orphelines qui travaillaient proche de là sous la direction des sœurs ; et c'est ainsi que, dans les vignes ou les champs, sous une surveillance aimable et discrète, se nouaient et se développaient ces idylles matrimoniales. Quand on s'était remarqué, étudié, surveillé, apprécié, on s'accordait, et Monseigneur mariait et établissait. En 1874 trente ménages déjà étaient installés aux Attafs ; douze autres s'y ajoutèrent en 1875. Le prélat écrivait à cette époque : « La plupart des jeunes ménages ont déjà des enfants, quelques-uns jusqu'à deux ou trois, car tout va vite en ce pays de soleil ». Il aimait à venir « bonhommiser », comme il disait, au milieu de ses enfants et petits-enfants, et écoutait avec joie les criailleries de ces tout petits qui venaient interrompre ses « vieux discours ».

Cette fondation originale eut vite fait d'attirer les regards, l'attention, les sympathies, et aussi, il fallait s'y attendre, les défiances et oppositions. Tous les coloniaux qui s'intéressaient à la question toujours débattue et toujours brûlante de l'assimilation des Arabes en suivaient les progrès avec une grande attention.

D'aucuns, et c'était le grand nombre, reconnaissaient avec impartialité que la méthode de l'archevêque était excellente, la meilleure peut-être, pour gagner les Arabes à la France. Même les coloniaux étrangers s'occupaient de ces villages du Chéliff : des Anglais, gens pratiques, étaient venus les visiter, et le consul d'Angleterre à Alger, étudiant la question avec soin, se documentait auprès de l'archevêque en vue d'une note officielle à son gouvernement.

Les Français étaient les seuls à ne pas vouloir

rendre témoignage à l'œuvre si éminemment française et civilisatrice du prélat algérien.

Le gouvernement et surtout l'administration de la colonie affectaient de redouter l'influence de plus en plus considérable que prenait l'archevêque, grâce à ses œuvres. « Si on le laisse faire, disaient-ils, dans quelques années il sera le maître de l'Algérie. Qu'un jour les indigènes, francisés et christianisés par lui, se fassent naturaliser avec tous les droits civils qui en sont la suite, et Mgr Lavigerie sera le grand électeur algérien. Il fallait conjurer le péril, et tout de suite, en coupant les vivres : les secours du gouvernement devaient-ils subventionner le fanatisme, provoquer les représailles mulsumanes et, par contre-coup, ébranler la situation de la France en Afrique et dans le monde ?. »

La presse radicale algérienne et métropolitaine donna avec ensemble contre l'archevêque et ses œuvres, et il se trouva un député qui porta ces criailleries à la tribune. Mgr Lavigerie lui écrivit une lettre ouverte dans laquelle, reprenant chacune de ses allégations, il en faisait bonne et roide justice. Ce fut une exécution de main de maître.

La vérité fut rétablie ; les crédits supprimés ne le furent pas.

Privés des secours de l'État, les villages du Chéliff ne purent prendre tous les développements que, dans son âme d'apôtre et de Français, l'archevêque d'Alger avait rêvé de leur donner. Un cœur moins ardent que le sien se serait contenté des résultats considérables déjà obtenus par cette œuvre ; mais Mgr Lavigerie avait la noble et généreuse ambition du bien et il souffrit cruellement des entraves que les pouvoirs publics apportaient à une œuvre qu'il aimait d'un double amour : celui du prêtre qui y voyait un moyen fécond de salut pour les âmes, et celui du patriote qui y constatait un moyen très efficace de faire connaître, aimer et servir la France

Ces orphelins arabes devenus, de leur libre choix, chrétiens et Français, ont fait souche, et actuellement encore aux Attafs, dans les deux villages créés par le cardinal Lavigerie, sa mémoire est restée en vénération. Ceux qui se demandent si les Arabes sont convertissables et assimilables n'ont qu'à venir dans la plaine du Chéliff : ils verront de leurs yeux, vivante et agissante, la réponse que, par son œuvre, l'archevêque d'Alger a donnée, et ils se prendront à regretter que l'essai n'ait pas été tenté avec plus d'ampleur.

Quelques orphelins qui s'étaient révélés particulièrement bien doués suivirent avec distinction le cours des études secondaires et devinrent médecins ; ils ont rendu de grands services partout où il se sont établis. D'autres se sentirent appelés par la grâce divine à travailler à la conversion de leurs frères et entrèrent, soit comme Pères, soit comme Frères, dans la Société des missionnaires d'Afrique.

CHAPITRE VI

La Mission arabe
1868-1869

Origine, débuts, développements de la Société des missionnaires d'Afrique. Délégation du Sahara et du Soudan ;
mission saharienne. En route pour le Soudan. Martyrs
sahariens. Origine et développement de la congrégation
des sœurs missionnaires. |

Dès son arrivée à Alger Mgr Lavigerie avait porté
ses regards sur l'immense peuple arabe passé sous
notre influence, et son zèle apostolique, qui ne reculait
devant aucune entreprise dès que la gloire de Dieu
et le bien des âmes étaient en jeu, avait ambitionné
de porter à ces millions d'hommes, retenus dans les
ténèbres de l'Islamisme, les radieuses lumières de la
foi chrétienne.

A peine installé, il achevait d'organiser et faisait
approuver et bénir par le Souverain Pontife une association de prières pour la conversion des musulmans
(1867).

Déjà, et à plusieurs reprises, ses précédesseurs
avaient essayé d'agir en ce sens ; mais ils s'étaient
heurtés à l'hostilité des administrations civiles, qui
avaient menacé de prison ou d'expulsion les membres
de la mission arabe en projet, s'ils osaient entreprendre auprès des indigènes un apostolat qu'on affectait
de croire périlleux pour la paix et le bon ordre de la
colonie. Agés, de santé précaire, les deux premiers
évêques d'Alger s'étaient vus obligés, malgré leur

désir, d'attendre des jours meilleurs, qui n'étaient jamais venus.

Le nouvel archevêque, jeune, entreprenant, ardent, et que la difficulté n'arrêtait jamais, serait-il aussi temporisateur ? Il semblait bien décidé à revendiquer haut et ferme la liberté sacrée de l'apostolat dès que l'occasion se présenterait à lui d'exercer, auprès de la population musulmane, ce qu'il considérait comme une des obligations les plus strictes de sa charge de pasteur.

L'abbé Girard, qui, en 1868, était supérieur du grand séminaire de Kouba, avait été l'un des promoteurs du mouvement d'apostolat dont nous avons parlé. Il avait même eu l'honneur de souffrir pour cette cause : en 1851, pour avoir ramassé dans la rue quelques petits vagabonds indigènes dont il rêvait de faire d'honnêtes hommes, il avait été dénoncé à la justice, accusé de détournement de mineurs, d'exploitation d'enfants, et menacé d'expulsion pour violation des articles de la capitulation d'Alger.

En 1868 il avait 75 ans ; tout le clergé d'Algérie, qu'il avait formé, l'appelait, avec une familiarité respectueuse, « le Père éternel » à cause de son air vénérable, de sa longue barbe blanche et de ses longs services. Si l'âge affaiblissait ses forces physiques, il augmentait son zèle : ne pouvant le manifester autrement, le digne supérieur essayait d'en communiquer l'ardeur à ses élèves.

Il n'ignorait pas, d'ailleurs, qu'il entrait ainsi pleinement dans les desseins de son archevêque.

Un soir de décembre 1867, durant la lecture spirituelle, M. Girard, parlant à ses élèves des beautés et des grandeurs de l'apostolat, laissa déborder son âme : « Eh ! Messieurs, leur dit-il, en terminant, qui sait si dans cette salle, parmi ceux qui m'entendent, il n'y en a pas un, deux, trois peut-être, qui se dévoueront à cette œuvre des missions auprès de ces pauvres égarés ? » Le soir, à la récréation qui suivit le souper, trois de ces jeunes lévites commentaient, en se promenant dans la cour du séminaire, la parole de leur supérieur : « Que pensez-vous de la lecture spirituelle ? demanda l'aîné des trois. — Et vous ? — Moi, je pense que je pourrais bien être un des trois. — Et moi aussi, dit le second. — Moi de même », ajouta le troisième.

Jamais ils ne s'étaient parlé de leurs aspirations secrètes : il avait fallu cette providentielle soirée pour leur donner l'occasion de les manifester.

Étonnés, émus de cette rencontre, ils résolurent de s'en ouvrir au supérieur ; auparavant ils feraient une neuvaine, pour attirer les lumières et les bénédictions célestes sur une démarche dont ils sentaient toute l'importance.

La neuvaine achevée, leur désir n'était que plus vif. Ils viennent donc trouver M. le Supérieur, qui leur répondit prudemment : « Mes amis, il faut beaucoup prier. — Nous venons de faire une neuvaine. — Faites-en une seconde, et puis nous aviserons ».

Cette seconde neuvaine confirma la première, et le vénéré supérieur leur promit d'en référer à l'archevêque. Celui-ci, mis au courant, fixa au 19 janvier la date de son audience. Au jour dit, le pasteur reçut cordialement les trois jeunes lévites, écouta leur requête, les interrogea longuement, ne leur cacha rien des épreuves et des difficultés qui les attendaient : il leur fit même envisager la perspective du martyre. Enfin, voyant leur bonne volonté et leur ferme désir, il agréa l'offre que si généreusement ils venaient lui faire d'eux-mêmes et de toute leur vie, les bénit et les congédia par ces paroles du Christ aux Apôtres : « *Ite, docete omnes gentes*, Allez, enseignez toutes les nations ».

Telles furent les origines premières de la Société des Missionnaires d'Alger : tout y est humilité, petitesse, impuissance et pauvreté ; mais ce sont précisément ces éléments que Dieu choisit pour faire de grandes choses. Cet humble grain de sénevé, confié au sol fécond de l'Afrique, prit un développement considérable et devint rapidement un grand arbre qui étend actuellement son ombre tutélaire sur d'immenses régions africaines où il produit d'abondants fruits de salut. Et il est permis de dire qu'un des plus beaux titres, le plus beau peut-être, qu'aura le cardinal Lavigerie devant la postérité sera celui de fondateur de la Société des Missionnaires d'Afrique, dits « Pères Blancs ».

Dès qu'il eut, entre les mains, des éléments d'action, l'archevêque, qui n'aimait pas laisser traîner les choses, se mit en devoir de les utiliser. Il ne convenait pas que ces jeunes forces et que ce zèle ardent et impatient de bien faire restassent inemployés. C'est surtout quand il s'agit de la gloire de Dieu qu'il faut obtenir des éléments humains, dont il veut bien se servir, leur maximum de rendement.

Mgr Lavigerie partit donc pour Rome afin de faire approuver ses desseins et de faire descendre sur eux la bénédiction du Pontife suprême. Pie IX reçut le prélat avec la prédilection marquée qu'il avait toujours eue pour sa personne, écouta les hardis projets qui lui étaient soumis, les approuva, les bénit, et, laissant partir l'archevêque d'Alger, il lui montra d'un geste large l'espace qui s'ouvrait devant lui, répétant d'une voix inspirée la parole du Maître à Pierre : « *Duc in altum*, poussez au large ».

Et le prélat s'en revint à Alger « saharatisé et négrifié », comme il disait familièrement à un ami. La Congrégation de la Propagande lui avait confié, avec le titre de Délégué apostolique du Sahara, Soudan et Fezzan, la lourde tâche d'organiser la mission dans ces immenses territoires.

Un quart de siècle avant que, par l'occupation de Tombouctou, les troupes françaises aient réussi leur jonction entre notre colonie algérienne et notre colonie soudanaise, le prévoyant archevêque opérait cette jonction du point de vue religieux. En cela, comme en tant d'autres choses, son patriotisme éclairé faisait de lui un précurseur.

Et certes il fallait une belle audace et l'imperturbable confiance que seule la foi peut inspirer pour entreprendre alors une pareille tâche. Au moment où il recevait de Rome cette délégation, l'archevêque disposait de huit jeunes novices, dont un seul prêtre.

Il avait confié la formation de cette petite phalange à trois prêtres de choix, et le fondateur se plaisait, par la suite, à reconnaître dans la réunion de ces premiers maîtres une haute et providentielle signification : « Combien je suis touché de voir réunis autour du berceau de nos œuvres africaines un fils de saint Vincent de Paul, l'apôtre de la charité, un fils de saint Ignace, l'apôtre de la foi, un fils du vénérable M. Ollier, l'apôtre de la sainteté sacerdotale ! Cela indique par avance à nos missionnaires les trois vertus les plus nécessaires à notre apostolat ».

Voulant faire de ses missionnaires une troupe d'élite, le fondateur se montrait sévère pour l'admission de nouvelles recrues et éliminait impitoyablement tous ceux en qui il ne constatait pas les qualités de cœur, d'énergie, de bonne volonté qu'il requérait : « Vous ne serez que le « pusillus grex », disait-il à ceux qui restaient, mais du moins ce petit troupeau marchera droit sous ma houlette ».

Et, en effet, il fallait marcher. L'esquisse des Constitutions portait qu'on devait vivre en commun sous l'autorité d'un supérieur et être prêt à partir en mission sur tous les points de l'Afrique où l'on serait envoyé. La fin de l'Institut était de procurer la gloire de Dieu par la sanctification personnelle de ses membres, les travaux apostoliques auprès des indigènes, l'exemple des vertus chrétiennes, la pratique de la charité et la prédication. Pour se rendre plus facile la pénétration au milieu des Arabes, les missionnaires adoptaient leur costume, leur langue, leur nourriture, leur manière extérieure de vivre, se faisaient, en un mot, tout à eux pour les gagner à Jésus-Christ.

Pour attirer des recrues, le fondateur écrivit une lettre aux supérieurs des séminaires de France. Il montrait les progrès effrayants de l'Islam dans nos colonies africaines et dans les territoires qui leur étaient proches. C'était donc une nouvelle croisade que prêchait l'archevêque d'Alger, et il réclamait, pour porter la croix là où règnait le croissant, « des hommes animés de l'esprit apostolique, de courage, de foi, d'abnégation ; des hommes qui viennent se joindre aux ouvriers de la première heure. Je n'ai à leur promettre, à la vérité, continuait-il, que la pauvreté, la souffrance, tous les hasards de pays presque inconnus et jusqu'ici inaccessibles, et peut-être, au bout de cela, une mort de martyr... Mais vous le dirai-je ? C'est précisément ce qui m'inspire la confiance que mon appel sera entendu. Notre-Seigneur ne disait pas autre chose que ce que je répète en son nom : *In mundo pressuram habebitis...* Et les apôtres l'ont suivi ».

L'archevêque ne se trompait pas. A-t-on jamais résisté, en France, à l'attrait d'une grande et noble cause, surtout quand elle est éloquemment prêchée ? Peu à peu, des séminaires et des collèges, vinrent à Alger se ranger au nombre des novices ceux que l'appel du prélat avait émus et qu'animait le désir de se consacrer à la tâche qu'on leur avait montrée tout à la fois si belle et si périlleuse, si fructueuse pour la religion et si honorable pour la France.

En attendant l'heure propice à l'extension des œuvres au Sahara, le fondateur employa ses missionnaires à la direction des orphelinats arabes, puis, plus tard, dans les villages chrétiens des Attafs, et, dès 1872, dans les montagnes de Kabylie, où ils commencèrent l'œuvre proprement dite de la mission auprès des indigènes. Ce fut pour la jeune société un profitable et très dur apprentissage à la vie de dévouement, de sacrifice et d'abnégation que ses membres devaient mener.

En 1872, après les secousses et les épreuves que la guerre et le changement de régime politique avaient causées et qui auraient pu entraîner la ruine totale de ses œuvres à peine écloses, le fondateur, constatant que les recrues arrivaient en nombre, jugea le moment venu de lancer ses missionnaires à la conquête du Sahara. Il voulut au préalable les présenter au Souverain Pontife. Le 18 août 1872, Pie IX reçut l'archevêque et deux missionnaires. Ce fut avec effusion que le vénérable et saint Pontife bénit les représentants de cette nouvelle famille religieuse, née sur le sol africain à l'heure où, de tous les côtés, en Europe, les Sociétés et Congrégations étaient persécutées ou proscrites.

Déjà, pour tâter le terrain, le Délégué apostolique avait envoyé, dans l'extrême-sud algérien, le P. Charmetant, qui avait pris langue avec les principaux cheikhs mzabites ou chambaas. Partout il avait été fort bien accueilli : « Tu parcourras le désert avec nous ; nous te conduirons d'une oasis à l'autre ; toi, tu nous conduiras dans le sentier du bien, et Dieu sera avec nous », lui avait-on répondu. Et les missionnaires s'étaient établis à Laghouat, puis à Géryville, Touggourt et Ouargla.

Selon les instructions formelles et réitérées du Délégué apostolique, ils s'adonnaient uniquement à l'exercice de la charité, soignant les malades qui accouraient en foule à leurs dispensaires, rachetant, quand ils en avaient les moyens, quelques jeunes esclaves. Et les Arabes s'émerveillaient de voir ces marabouts chrétiens, parlant leur langue, portant leur costume, soigner, sans manifester aucun dégoût, leurs plaies infectes, sans vouloir accepter pour leurs services, non pas même un salaire, mais jusqu'à un souvenir, un cadeau. Et ils leur disaient, dans leur reconnaissante admiration : « O marabouts, la puissance est dans vos mains, la science en votre tête, la vérité sur vos lèvres et la bonté dans votre cœur ».

Cet accueil si confiant, des débuts si heureux, étaient bien de nature à enthousiasmer le zèle des missionnaires. Comme Pie IX avait dit au fondateur : « Allez de l'avant », c'est vers les mystérieuses profondeurs du désert, vers ces oasis fameuses dont ils entendaient si souvent parler, vers cette Tombouctou quasi légendaire que se fixaient leurs yeux et qu'aspirait leur zèle. Ils avaient reçu, des principaux chefs de tribus, de belles assurances de protection qu'il y avait tout lieu de croire sincères. Le cheikh de Métlili avait dit : « Je réponds de vous : partout où vous irez, personne n'osera vous toucher, et votre mort, si elle vient, ne viendra que de Dieu. Ma tente sera la vôtre, mes chameaux sont à vous ; je vous mènerai au Touat, à In-Salah, à G'hat. Je vous ferai connaître aux chefs touaregs qui commandent de R'damès au Fezzan ; je vous guiderai chez les Berabers qui vont du Sahara à l'Atlantique ».

On pouvait, on devait se croire assuré du succès ; l'archevêque ne retint plus ses missionnaires : « Trois de nos Pères, écrivait-il en décembre 1875, sont en ce moment chez les Touaregs, en route pour Tombouctou, avec l'ordre et la résolution de s'établir dans la capitale du Soudan ou d'y laisser leur vie pour l'amour de la Croix ».

Le programme était héroïque : il fut héroïquement réalisé. Pendant quelques jours tout alla bien ; l'heureux passage des missionnaires à In-Salah fut signalé, puis le silence se fit... Des semaines se passèrent sans nouvelles ; on s'inquiéta, et cela d'autant que, dans l'extrême-sud, des bruits alarmants commençaient à circuler. Enfin un télégramme du commandant supérieur de Laghouat vint faire cesser ces pénibles incertitudes. On annonçait officiellement au Gouverneur général de l'Algérie que les trois missionnaires ainsi que leur guide avaient été massacrés par les Touaregs Azguers.

Profondément ému par cette nouvelle, le fondateur se rendit à Maison-Carrée, réunit la communauté, Pères, Frères et Novices, et annonça la mort glorieuse des trois martyrs : « Mes enfants, ajouta-t-il, ce sont des morts pour lesquels on ne prie pas, mais dont on bénit Dieu » ; et il entonna le *Te Deum* que les missionnaires continuèrent avec un indicible élan : « Que n'avez-vous entendu ces voix, vibrantes d'enthousiasme, chanter en chœur ce même hymne que nos trois apôtres chantaient en allant au-devant du martyre ! écrivait l'archevêque à un ami. C'est le plus émouvant *Te Deum* que j'aie entendu chanter de ma vie ». Tous les missionnaires vinrent s'offrir à Mgr Lavigerie pour remplacer leurs frères tombés à la tâche : « Tous veulent partir pour le Sahara, continuait le Délégué, afin de ne pas manquer une si belle occasion ; mais je m'oppose à un si beau zèle, avec la prudence du vieux hibou qui sait que le monde ne se fait ni se défait en un jour ».

Le fondateur, qui avait été si vivement touché par la mort de ses fils, pensa aux parents que les martyrs avaient laissés en France, et son cœur trouva pour eux des paroles d'une émouvante grandeur et d'affectueuses consolations : « Vos fils ont souffert la mort pour la cause de Dieu. Vos cœurs, éclairés par la foi, ont tressailli, je le sais, d'une joie sainte, et vos yeux cependant ont versé des larmes. Ce n'est pas moi qui accuserai ces larmes de faiblesse : Marie a pleuré Jésus sur le Calvaire, et Jésus a pleuré Lazare parce qu'il l'aimait... Ce premier déchirement de la nature, je l'ai ressenti comme vous, car ils étaient mes fils en même temps qu'ils étaient les vôtres. Vous les aviez engendrés à la vie ; je les avais engendrés au sacerdoce. Dieu s'était servi de vous pour les donner à la terre ; il a daigné se servir de moi, pasteur sans amour, pour les donner au martyre et au ciel. »

Le Gouverneur général de l'Algérie avait, à la

suite de ce massacre, manifesté à l'archevêque le désir qu'on cessât, au moins pour un temps et par cette voie, la pénétration projetée vers Tombouctou. Il fallut s'incliner. Mais l'ardeur impatiente des missionnaires ne se contient pas aussi facilement que les projets de pénétration pacifique élaborés par les bureaux d'un ministère. Puisque cette voie leur était fermée, ils en tenteraient une autre.

Six ans plus tard, en décembre 1881, trois autres missionnaires partaient de R'damès pour aller s'installer à R'hat. Ce devait être une première étape sur le chemin de la capitale du Soudan. Cette première étape allait en être aussi la dernière, et cette nouvelle voie devait, comme la précédente, se fermer par le trépas sanglant des apôtres impatients de la prendre. Et cependant, s'il était une entreprise qui avait tout pour réussir, c'était bien celle-là. Le P. Richard, son chef, était tellement arabisé qu'il pouvait voyager avec les caravanes sans faire soupçonner qu'il ne fût pas Arabe. Cavalier infatigable, il faisait l'admiration des nomades qui disaient de lui : « Celui-là est un des nôtres ». Les Chambaas avaient en lui tant de confiance et pour lui tant d'affection qu'ils l'avaient demandé comme caïd pour leur tribu. Hélas ! tout cela ne détourna point des trois pionniers la mort qui les attendait sur le chemin : ils furent massacrés à Mareksan, à 20 kilomètres seulement de R'damès.

Le martyre est chose si grande pour des cœurs d'apôtres que le fondateur en redoutait, pour sa Société naissante, la sainte séduction. Il prescrivit des mesures de prudence et défendit formellement à ses fils de s'exposer au danger.

Le poste de R'damès fut évacué, et les projets

de pénétration soudanaise ajournés à des temps meilleurs. Le cardinal n'en vit pas la réalisation. Ce ne fut qu'en 1895 que ses fils parvinrent à Tombouctou, mais par une autre voie que celle qu'ils avaient si longtemps espérée à travers le désert. Ils avaient, le Sahara restant impénétrable, fait un vaste mouvement tournant et abordé le Soudan par l'ouest, venant du Sénégal.

Mais le prélat, qui venait de fonder la Société des Missionnaires d'Afrique pour l'évangélisation des Arabes, se rendait compte que, vu les mœurs indigènes, il fallait une œuvre similaire de religieuses missionnaires qui pussent aborder les femmes indigènes et leur apporter le salut.

Sans doute les Filles de la Charité, puis les Sœurs de la Doctrine chrétienne et enfin les Sœurs de Saint-Charles de Nancy, déjà établies en Algérie, s'étaient volontiers et bien généreusement mises à la disposition de l'archevêque pour recevoir, soigner, élever les orphelins et orphelines que la famine jetait entre ses bras. Mais ce concours ne pouvait être que provisoire, les travaux auxquels il leur fallait se livrer n'étant pas en conformité avec le but spécial que se proposent ces diverses congrégations religieuses.

A un apostolat absolument nouveau ne fallait-il pas une Congrégation spéciale, dont l'esprit et la règle, inspirés de ces desseins, tendraient d'une façon efficace à ce but ?

En conséquence Mgr Lavigerie, chez qui toute pensée aboutissait naturellement à l'action, se décida, durant l'été de 1869, à adresser un pathétique appel aux femmes de foi et de bonne volonté qui se sentiraient le viril attrait de cette mission auprès des femmes indigènes et le courage de l'entreprendre ;

« Il faut, disait-il à celui qu'il chargeait de ce recrutement délicat, que vous me rameniez au moins quatre postulantes, généreuses, vaillantes, prêtes à tout et capables d'être les quatre pierres angulaires de la Congrégation ».

Ce fut la Bretagne, terre de foi robuste et de dévouement inlassable, qui fournit les premières missionnaires. Le prélat en avait demandé quatre : il en vint huit ; deux d'entre elles n'avaient pas 16 ans.

Le 8 septembre 1869, les futures religieuses débarquaient à Alger. Elles furent reçues par les Sœurs de Saint-Charles, qui devaient les initier à la vie religieuse et aux travaux de l'apostolat. On les conduisit dans la maison qui leur était destinée, à côté de l'orphelinat, et on les installa dans de petites cellules toutes pauvres et toutes nues. La cordialité de l'accueil qui leur était fait ne les empêcha pas de se sentir bien seules, bien étrangères, bien faibles, bien éloignées de la chère patrie ; se regardant les unes les autres, moitié riant, moitié pleurant, elles se demandaient ce qu'elles venaient faire et ce qu'on pourrait bien obtenir d'elles. Elles ne faisaient guère figure de fondatrices. « Vraiment, s'il n'y a que nous pour commencer, s'écria l'une d'elles, ça promet d'être joli ! »

Il n'y avait pas que ces huit pauvres jeunes filles pour commencer : Dieu était avec elles, ce Dieu qui fait sortir la force de la faiblesse et se plaît, pour bien montrer son action, à faire produire de grands effets par de petites causes.

L'archevêque les mit aussitôt à l'œuvre : après une retraite le noviciat commença, et, comme elles étaient destinées à diriger en premier lieu les orphelinats de filles et que la plupart de ces petites étaient destinées à la vie agricole, ce fut au rude travail des champs que les novices furent d'abord appliquées.

Elles durent piocher, bêcher, labourer ; l'apprentissage fut pénible, mais leur courage surmonta tous les obstacles et, tout en formant leur âme à la discipline religieuse, elles habituèrent leur corps au travail pénible des champs.

Au fur et à mesure que les religieuses sortaient du noviciat, fortement et virilement trempées par une formation plus rude que celle que les Pères du désert imposaient à leurs disciples, le fondateur les employait aux diverses œuvres qu'il avait entreprises. Les orphelins au-dessous de 10 ans leur étaient confiés, petits nomades turbulents, endiablés, qu'il n'était pas facile de tenir et qui donnaient à leurs maîtresses bien du fil à retordre.

Naturellement on leur avait confié aussi les orphelines, et, si les travaux auxquels elles devaient s'adonner étaient rudes et pénibles — elles défrichaient alors la propriété de Kouba pour y planter de la vigne —, elles avaient du moins la grande consolation de voir ces petites filles faire, dans l'esprit chrétien et la vie chrétienne, de merveilleux progrès.

Déjà, en 1871, l'archevêque pouvait envoyer trois religieuses à Laghouat, au seuil du désert, où elles préludèrent, pour un temps, aux travaux qu'elles devaient assumer plus tard dans les autres postes des oasis ainsi que dans les autres missions, soignant les malades, baptisant les enfants moribonds, ouvrant une école et un ouvroir où les jeunes filles venaient s'initier aux sciences ainsi qu'aux travaux qui convenaient à leur sexe.

En 1873 le fondateur des villages arabes chrétiens du Chéliff utilisa aussi les sœurs missionnaires. Il vint à Saint-Charles, leur maison-mère, et leur exposa ses desseins : « Je vous préviens, mes sœurs, que vous manquerez de tout, que votre vie sera très rude. Qui de vous désire partir dans ces conditions ? » Toutes se levèrent. Il en choisit cinq qui partirent aussitôt. Quelques mois après, nouveau départ. L'archevêque avait distingué le savoir-faire et la vertu d'une jeune novice ; elle fut prévenue d'avoir à faire sa retraite préparatoire à la profession. Celle-ci eut lieu à 3 heures du matin ; aussitôt après, la nouvelle religieuse recevait son obédience : elle devait aller, comme supérieure, aux Attafs. Une heure après, elle était en route pour rejoindre son poste, avec trois autres sœurs.

Il est, dans les débuts des congrégations religieuses, de ces improvisations nécessaires.

La vie des sœurs aux Attafs n'était pas une sinécure. Elles avaient pour tâche de défricher le sol hérissé de lentisques et de palmiers nains, là où devaient s'étendre les champs et jardins des nouveaux ménages, et elles devaient apprendre aux jeunes femmes le soin de leur intérieur ainsi que la culture des jardins potagers.

« Savez-vous labourer ? leur avait demandé le prélat. — Non, Monseigneur. — Eh bien ! venez ». Et, les amenant sur le lieu du labour, l'archevêque empoigne les manches d'une charrue et trace, bien droits, deux premiers sillons. « Maintenant à votre tour, ma sœur ». Il fallut s'exécuter. Les sœurs avaient peur des bœufs de l'attelage, et le prélat, tout en riant des zigzags que traçaient leurs mains faibles et inexpérimentées, les encourageait. Elles s'affermirent avec l'habitude, et bientôt, sous leur direction, les orphelines nouvellement mariées purent se livrer, comme les autres femmes indigènes, à tous les travaux des champs.

Ce régime imposé aux sœurs était trop dur : on ne peut assimiler la femme européenne, même quand elle est animée du plus absolu dévouement, à la femme indigène ; le fondateur, expérience faite, dut faire fléchir la rigueur des règles primitives à la sage mesure des raisonnables possibilités.

Toutefois ces premiers et rudes essais ne furent pas perdus pour la forte et virile formation de la congrégation naissante, et les sœurs missionnaires reconnaissent volontiers que, sans ce dur et providentiel apprentissage, l'apostolat auprès des indigènes en Kabylie, au Sahara, dans l'Afrique équatoriale et au Soudan leur eût été impraticable.

Jusqu'en 1879 les sœurs missionnaires avaient reçu leur formation religieuse soit des Sœurs de la Doctrine chrétienne de Nancy, soit des Sœurs de l'Assomption de Nancy, qui donnaient aux postulantes leur propre tournure d'esprit. L'archevêque, bien qu'il avouât volontiers que le gouvernement des femmes n'était pas son affaire, résolut de mettre fin à cette situation qu'il jugeait anormale.

Un jour, à la suite d'une visite canonique qu'il fit à Saint-Charles, il annonça aux religieuses missionnaires que, les Sœurs de l'Assomption devant se retirer, il les laissait libres soit de les suivre, soit de demeurer entre elles, soit même de rentrer dans leurs familles. Puis, leur laissant quelques moments de réflexion, il recueillit leurs votes.

Celles qui restèrent formèrent les assises solides de la congrégation des sœurs missionnaires de Notre-Dame d'Afrique. Elle se développa assez rapidement.

Le cardinal entendait que cette congrégation fût

absolument indépendante des Pères blancs et ne relevât que d'elle-même. Peu à peu, du vivant même de son fondateur, elle prit assez de développement pour se répandre en Algérie, en Tunisie et en Kabylie, en attendant le jour impatiemment désiré où ces vaillantes pourraient aller s'installer, à la suite des missionnaires, sur les bords du Niger ou aux rives des grands lacs africains.

Quelques jours avant sa mort, le 3 novembre 1892, dans une audience qu'il donnait à la supérieure générale, le fondateur disait : « Je n'ai pas eu le temps de m'occuper de votre congrégation autant que je l'aurais voulu ; mais si vos prières, sur lesquelles je compte, m'obtiennent la miséricorde de Dieu et me font entrer au ciel, je ferai beaucoup plus pour vous là-haut que je ne l'aurai pu faire ici-bas ».

Il a tenu parole. Les sœurs missionnaires qui, au jour de sa mort, ne comptaient que onze maisons, en ont aujourd'hui plus de cinquante, et le nombre augmente chaque année en raison du développement continuel des missions.

Les services qu'elles rendent aux missionnaires font d'elles des auxiliaires très appréciées ; écoles, hôpitaux, asiles, ouvroirs, dispensaires, catéchismes, il n'est pas une œuvre d'assistance spirituelle ou matérielle qu'elles n'entreprennent, et il n'est aucune misère des pays païens sur laquelle elles ne se penchent pour y porter remède et la soulager.

CHAPITRE VII

Missions équatoriales

1878

Etat des missions en Afrique. Association internationale de Bruxelles. Rapport à Rome. Fondation des missions équatoriales. Archevêque quêteur. Protectorat de l'Ouganda. Persécution et martyres. Congrès de Berlin. Compétitions européennes. Méthode d'apostolat et succès.

D'Alger, où il résidait, l'archevêque suivait d'un œil attentif le magnifique mouvement de découvertes dont le centre du continent africain était alors l'objet.

Depuis le commencement du XIXe siècle de nombreux explorateurs avaient essayé de percer le voile du mystère qui en recouvrait les sombres profondeurs. Presque tous avaient succombé à la tâche.

Vers 1877 les récits de Livingstone et de Stanley, qui venaient d'accomplir, aux sources présumées du Nil et autour des grands lacs équatoriaux, leurs épiques randonnées, étaient entre toutes les mains.

On savait maintenant, quoique confusément encore, que ces immenses régions de l'Afrique équatoriale qui étaient l'inépuisable réservoir d'où, vers le nord, l'est et l'ouest, coulent les fleuves gigantesques du Nil, du Zambèze et du Congo, étaient aussi le réservoir où les traitants allaient chercher ces autres fleuves humains d'esclaves noirs qu'ils menaient jusqu'aux rives de l'Atlantique ou de l'Océan indien afin de les vendre comme un vil bétail.

A cette époque les côtes de l'immense continent étaient déjà passées, en leur presque totalité, sous la domination ou le protectorat des grandes nations européennes, et à ce blocus politique et commercial des côtes africaines correspondait l'investissement pacifique effectué par les missionnaires catholiques.

Les Franciscains étaient au Maroc, en Tunisie, en Tripolitaine, au Somaliland ; les Lazaristes, en Abyssinie. Les Pères du Saint-Esprit évangélisaient le Zanguebar, le Congo, la Sénégambie, le Sénégal. Le Cap, la Guinée et le Dahomey étaient confiés au zèle des missions de Lyon. Les Jésuites travaillaient en Zambézie portugaise et à Madagascar ; les Pères blancs portaient la lumière de la foi dans les oasis du Sahara et sur les sommets de la Kabylie, tandis que le clergé séculier français desservait l'Algérie. On pouvait prévoir l'époque où aucune région importante de l'immense contrée qu'entourent la Méditerranée, l'Atlantique, l'Océan Indien, la Mer Rouge n'échapperait à l'occupation européenne. Le prélat, prévoyant l'heure prochaine où les explorateurs, partis de divers points du littoral africain, se rencontreraient dans la région des grands lacs, au cœur du continent dont le mystère était enfin percé, se prenait à désirer, de toute l'intensité de son âme d'apôtre, que l'Église, la grande, la vraie civilisatrice, ne se laissât pas devancer par les politiques ou par les marchands.

En 1877 il n'y tint plus. Alors qu'à Bruxelles, sous le haut patronage du roi des Belges, se formait l'Association internationale pour l'exploration de l'Afrique, société interconfessionnelle et neutre, uniquement préoccupée de science, l'archevêque se rendait à Rome pour soumettre au Souverain Pontife les impressions qu'il ressentait et les espoirs qui remplissaient son cœur.

Pie IX comprit tout de suite l'importance du mouvement que Mgr Lavigerie lui signalait. Peu après, il lui parut convenable de consulter les chefs ou supérieurs des principales missions ou sociétés de missionnaires qui travaillaient en Afrique. Tous furent d'avis qu'il était urgent de fonder des missions là où la Société internationale de Bruxelles projetait d'établir des centres d'opération.

Consulté comme les autres supérieurs, l'archevêque d'Alger, qui était le promoteur du mouvement, ne se contenta pas de donner une simple réponse ; il envoya à la Propagande un magistral rapport où, après avoir établi d'une façon péremptoire la nécessité d'agir et d'agir vite, il en venait aux moyens et soumettait un plan détaillé, précis et raisonné d'action apostolique. Il terminait ainsi : « La Conférence de Bruxelles porte en Afrique le drapeau de la science avec son étoile ; c'est à l'Église d'arborer le drapeau de la délivrance avec la croix ».

Pour être complètement pratique il mettait à la disposition de la Propagande ses missionnaires d'Alger en nombre nécessaire. Il joignait à son mémoire une supplique émanant des missionnaires, qu'il apostillait chaudement : « Ils sont jeunes, déjà acclimatés à l'Afrique ; je les crois donc à la hauteur d'une telle mission ».

Ce mémoire si complet, si pratique, d'une raison si lumineuse, d'une conception si large, d'une conviction si communicative, fit sur le pape, sur le préfet de la Propagande et sur le collège des cardinaux une profonde impression. Le 24 février 1878, par un des tout premiers actes de son pontificat, Léon XIII, qui venait de succéder à Pie IX, confiait à l'archevêque d'Alger, nommé délégué apostolique, le soin de réaliser le plan soumis par lui à la Propagande. L'archevêque avait toute licence de subdéléguer ses pouvoirs à ceux de ses missionnaires qu'il désignerait comme chefs des missions.

C'était un vaste champ de plus de dix millions de kilomètres carrés qui s'ouvrait à son zèle, dans des régions que tous les explorateurs signalaient comme les plus peuplées de l'Afrique.

En 1867, en acceptant d'être transféré de Nancy à Alger, Mgr Lavigerie avait écrit à ses amis, qui se demandaient et lui demandaient ce qu'il pourrait bien faire en Afrique : « L'Algérie n'est qu'une porte ouverte par la Providence sur un continent barbare de 200 millions d'âmes. C'est là surtout qu'il faut porter l'œuvre de l'apostolat catholique. Voilà la grande perspective qui m'attire. Trouvez-vous, en France, une œuvre plus digne de tenter le cœur d'un évêque ? Quels motifs puis-je avoir devant Dieu de me refuser à un tel appel ? J'ai la jeunesse, l'habitude de la parole, celle de grouper les volontés et les ressources. Voilà pourquoi j'ai répondu : Oui, et je me prépare à partir ».

On le voit : il réalisait, point par point, le hardi programme que, à Nancy déjà, il avait conçu.

Avant de lancer ses fils à l'assaut des pays nègres, il voulut leur ménager toutes les protections, tous les secours et toutes les facilités possibles. A sa demande, le gouvernement français les recommanda chaudement aux bons soins de son consul de Zanzibar et leur accorda la gratuité du voyage sur mer.

D'avance le prélat envoya à Zanzibar deux procureurs qui devaient préparer aux voyageurs tout ce qui serait nécessaire pour le long voyage de la côte aux rives des grands lacs, où ils devaient s'établir.

A ses missionnaires qui allaient partir il montra la plus paternelle affection : il s'occupa personnellement de tout, vérifiant lui-même si ses ordres et instructions avaient été fidèlement exécutés, et il voulut présider en personne la cérémonie du départ, qui fut solennellement célébrée, le 17 avril 1878, au sanctuaire de Notre-Dame d'Afrique.

Enfin il écrivit pour eux des instructions où l'esprit de prévoyance voit si juste et si loin que, maintenant encore, on n'en pourrait écrire de plus pratiques.

Il leur recommande surtout l'obéissance aux règles et aux supérieurs ; il insiste sur la charité fraternelle ; puis, descendant dans les détails de la méthode d'apostolat qu'il estime la meilleure, il leur demande de se montrer, envers les indigènes, d'une inlassable charité : « Il ne faudra pas se décourager des désordres ni même des rechutes de ces pauvres catéchumènes et se garder d'éteindre ces pauvres lampes fumeuses. Donner la foi aux infidèles, les faire participer aux mérites de Notre-Seigneur Jésus-Christ, les leur appliquer dans les sacrements et les conduire ainsi, sans se lasser, de chute en chute, jusqu'au port pour leur en ouvrir l'entrée, tel est le rôle vrai et profondément consolant du missionnaire. Tout en désirant mieux pour les générations futures, il faut savoir ne pas s'illusionner à l'avance sur celles d'aujourd'hui ».

Pendant que les missionnaires, partis de Marseille le 21 avril, faisaient route vers le théâtre de leur apostolat, lui se faisait quêteur et parcourait une partie de l'Europe pour leur trouver et les appuis et les ressources dont ils pourraient avoir besoin. Les renseignements parvenus de Zanzibar disaient que les frais de caravane s'élèveraient à une somme de beaucoup supérieure à celle qui avait été supputée. Il faudrait de trois à quatre cents porteurs au moins, car, pour le service, l'escorte, la nourriture, les droits de péage et les présents aux chefs des tribus à traverser, quand il s'agit d'un voyage qui doit vraisemblablement durer un an au moins, à travers des régions où nulle monnaie n'a cours, il faut traîner avec soi une multitude d'objets d'échange. Tout cela représentait des frais énormes.

A Paris, La Haye, Bruxelles, Rome, pour ne citer que les étapes principales, l'archevêque, qui se souvenait de ses campagnes oratoires de 1857 en faveur des chrétiens d'Orient, plaida, comme il savait le faire, avec toute l'ardeur de sa foi, l'affection de son cœur et, selon les lieux, la chaleur de son patriotisme, la cause de ses missionnaires ; il obtint, soit des gouvernements, soit des sociétés savantes, soit des œuvres d'apostolat, soit surtout du public lui-même, les subsides nécessaires à cette première expédition.

En même temps qu'il s'occupait des ressources matérielles il préparait aussi l'avenir de ces missions naissantes.

L'Afrique centrale avait la réputation, trop méritée, d'être une « mangeuse d'hommes ». Presque tous les explorateurs qui s'y étaient risqués avaient payé de leur vie ou de leur santé leur audacieuse témérité ; il fallait donc s'attendre à voir les missionnaires décimés par la maladie, les travaux, les privations ; de même qu'un chef qui lance des troupes à l'assaut prévoit les renforts qui devront suivre de près pour appuyer l'attaque, combler les vides et achever le succès, ainsi le Délégué apostolique devait songer aux caravanes futures qui porteraient aux premiers arrivés les renforts nécessaires. Il lui fallait des missionnaires en plus grand nombre ; il les chercherait.

Déjà, sept ans auparavant, il avait, par sa lettre aux directeurs des grands séminaires de France, attiré à la Société naissante des Missionnaires d'Afrique de précieux concours ; maintenant c'est aux séminaristes eux-mêmes qu'il va s'adresser.

Il sait, par expérience, que, dans ces cœurs jeunes et ardents, les flammes de l'apostolat, du dévouement héroïque sont facilement attisées, et qu'il suffit de montrer à l'ardente charité des candidats au sacerdoce une grande cause pour faire naître l'enthousiasme qui la veut entreprendre et le courage de s'y consacrer tout entier.

Il montre, dans cette lettre, toutes les séductions de l'apostolat africain, la variété des œuvres, l'immensité du champ à défricher, les peines, les travaux, les sacrifices ; il fait même miroiter l'espoir du martyre et il conclut ainsi : « Êtes-vous énergiquement déterminés à vous sanctifier et à sauver les âmes par la souffrance, par la patience, par le sacrifice de tout vous-même et de votre sang, s'il le faut ? Venez, après vous être éclairés par la prière et par les avis d'un sage directeur : vous trouverez en Afrique, plus que partout ailleurs en ce moment, le moyen de rendre votre vie utile pour la gloire de Dieu et la rédemption des hommes ».

Cet appel fut entendu ; les collaborateurs qu'il réclamait arrivèrent peu à peu. La bienveillante attention, puis l'admiration du monde chrétien qu'attiraient à la Société des missionnaires les travaux, les épreuves et les succès des nouvelles missions qu'elle venait d'entreprendre, contribuèrent très efficacement à lui assurer un recrutement de plus en plus nombreux. Le sang des martyrs est aussi une semence d'apôtres.

Pendant que Mgr Lavigerie se dépensait, sans compter, pour assurer à ses fils des ressources et des renforts, son cœur les suivait pas à pas sur la route des grands lacs, et avec quelles sollicitudes, quelles angoisses !

Il réclame des nouvelles fréquentes, détaillées, recommande la prudence, donne des avis, des conseils ; il pleure enfin quand les courriers lui annoncent que la fièvre, les souffrances, les fatigues, les privations épuisent les voyageurs et quand la mort vient les ravir à leur tâche et à son affection.

Durant les quinze mois que dure le voyage si fertile en événements, le cœur et l'esprit du Délégué apostolique semblent être toujours avec ses fils qui là-bas, au milieu de la brousse ou dans les sombres forêts équatoriales, cheminent lentement, péniblement, préparant, par leurs souffrances et leurs mérites, d'abondantes bénédictions aux travaux qu'ils venaient entreprendre et qui devaient si promptement donner de si beaux résultats.

Il nous est impossible d'entrer dans le détail des démarches et des préoccupations que causèrent à Mgr Lavigerie mille difficultés d'ordre moral, politique et matériel. Les prédicants anglais, en particulier, arrivés sur les lieux quelques semaines avant les missionnaires, leur suscitèrent toutes sortes d'ennuis ; sans parler des musulmans esclavagistes qui voyaient en tout Européen, et spécialement en tout missionnaire, l'adversaire né de l'infâme trafic auquel ils se livraient.

Comme saint Paul autrefois pour les premiers chrétiens, Mgr Lavigerie partageait les souffrances de ses fils, souffrait de leurs épreuves, se réjouissait de leurs succès. On est étonné des délicatesses exquises que la charité fait naître dans son cœur de père, et l'on s'étonne que cet archevêque si occupé, qui menait de front tant d'affaires et parfois de si grande importance, ait trouvé le temps d'écrire, de sa propre main, aussi fréquemment, aussi longuement, de descendre dans d'aussi petits, j'allais dire d'aussi infimes détails, et de faire des recommandations aussi minutieuses. Le cœur du prélat s'y révèle sous un jour tout nouveau.

Une des principales recommandations qu'il avait faites était de se montrer uniquement missionnaires, c'est-à-dire les envoyés de Dieu, les semeurs de la doctrine chrétienne, les prédicateurs, par l'exemple, de la charité.

Précisément, à cause de cela même, leur influence fut plus profonde, et il s'en fallut de peu qu'elle prît une portée considérable au point de vue politique.

Le roi de l'Ouganda, M'tesa, qui ne voyait pas sans une certaine inquiétude son royaume visité, exploré, mesuré par tous ces Européens, explorateurs ou autres, se demandait si les prédicants qui, au point de vue politique, se montraient beaucoup moins réservés, ne seraient pas une avant-garde camouflée de conquérants militaires. Il n'ignorait pas ce qui se passait dans la haute vallée du Nil.

Il résolut donc de se placer sous la protection de la nation européenne qui lui paraissait animée des sentiments les plus désintéressés. Il fit appeler le supérieur des missionnaires, le R. P. Livinhac, et lui fit en grand secret des ouvertures en ce sens.

Le prudent missionnaire commença pas déclarer que lui et ses confrères n'étaient venus dans le pays que pour établir le règne de Dieu dans les âmes et qu'ils avaient pour consigne formelle de ne s'immiscer en rien dans les affaires intérieures des gouvernements.

Ce complet désintéressement confirma le roi dans la confiance qu'il avait en un pays qui produisait de si beaux spécimens de générosité. Il insista de telle sorte que le R. P. Livinhac dut lui promettre d'agir en conséquence. Il s'empressa de mettre le consul de France à Zanzibar et Mgr Lavigerie au courant de la situation. L'archevêque vit d'emblée les avantages qu'aurait la France à établir son protectorat sur un royaume merveilleusement riche et dont les habitants, au dire de tous, de Stanley aux missionnaires, tranchaient, par leurs habitudes et leurs aptitudes, sur toutes les populations indigènes des environs. Il communiqua donc ces offres au président du Conseil (1884). A ce moment la faveur n'était point aux « aventures coloniales ». Nous venions d'essuyer au Tonkin le grave échec de Lang-Son : cela n'encourageait pas à entreprendre une conquête, fût-elle pacifique, dans le centre africain.

On ne se souciait pas d'ailleurs, en haut lieu, de s'affronter une fois de plus avec l'Angleterre, qui déjà, sur la question égyptienne, se montrait si nerveuse. On pratiqua, cette fois encore, la malheureuse politique abstentionniste qui séduisait nos politiciens, et les choses en restèrent là. On remercia poliment l'archevêque de ses patriotiques préoccupations, et puis on serra précieusement sa communication dans les cartons ministériels.

Le roi M'tesa, déçu dans ses espérances, en voulut

aux missionnaires de ce qu'il prenait pour un refus.

Pressuré par les Arabes, choyé par les Anglais, sollicité par les Allemands, dédaigné par les Français, il ne savait à quel saint se vouer. Les prédicants anglais, qui avaient un programme politique très utilitaire et qui flairaient le danger que les préférences de M'tesa pouvaient leur faire courir, lui dépeignirent les Français comme un peuple féroce : bien qu'ayant des dehors très aimables, il n'en tue pas moins ses rois et ses reines quand ils cessent de lui plaire, ou tout au moins il les chasse, et ceux-ci sont tout heureux d'aller se réfugier en Angleterre. Et les noms propres abondaient.

Le roi en eut le frisson. Il se jeta, quoique sans grand élan, entre les bras des Anglais, et un pacte d'amitié fut conclu.

Sur ces entrefaites arriva dans le pays un Allemand flanqué de quelques soldats. Juste retour des choses : voulant ruiner l'influence anglaise, l'Allemand dépeignit les Anglais comme un peuple féroce qui non seulement tue ses rois, tel Charles Ier, mais fait encore mourir les rois et les reines des autres quand ils se sont confiés à son hospitalité ; tels Napoléon et Marie Stuart.

Un nouveau traité d'alliance fut conclu, cette fois avec l'Allemagne.

Ce fut le moment que choisit le plus proche résident anglais pour venir, avec ses soldats et quelques « Maxim's », faire visite à son ami le roi de l'Ouganda. Leur amitié se réchauffa au foyer de quelques incendies, on fit constater au roi la justesse et toute la portée des « Maxim's » ; le sang coula avec abondance, l'Allemand s'éclipsa ; alors, reprenant le cours d'histoire interrompu, le commissaire anglais dépeignit le peuple allemand comme un peuple féroce et rapace qui ne vit que de guerres et de rapines. Il ne restait au roi, si gravement compromis, que de se se mettre sous la protection de l'Angleterre. C'est ce qu'il fit, la mort dans l'âme. C'est ainsi que le royaume de l'Ouganda obtint le protectorat de l'Angleterre.

Pendant que se déroulaient ces événements, les musulmans, qui sentaient leur position fort ébranlée par l'arrivée des Européens et dont le principal trafic, l'abominable traite des noirs, était enrayé et menaçait d'être complètement arrêté, essayèrent d'exciter le roi de l'Ouganda contre les hôtes indésirables et indésirés qui venaient « manger le pays » et s'y conduire en maîtres.

Leurs excitations ne trouvèrent dans le cœur et les passions du despote noir qu'un trop favorable écho. Pendant quelque temps il avait manifesté à l'égard des missionnaires catholiques plus que de la bienveillance : il aurait volontiers embrassé la religion qu'ils prêchaient s'il avait pu n'en pas suivre la morale. Naturellement on n'avait pu lui faire une morale sur mesure, et, au fond du cœur, il conservait un certain ressentiment contre ce qu'il regardait comme l'intransigeance des missionnaires.

Poussé par les Arabes, il devenait, à l'égard des missionnaires, de plus en plus ombrageux ; vis-à-vis de ses sujets néophytes ou catéchumènes, défiant et emporté. Sur le Haut-Nil les madhistes avaient massacré une mission européenne, les Arabes de l'Ouganda songeaient à imiter les exploits de leurs coreligionnaires du Nil, et on pouvait craindre que le roi, obéissant à ses ressentiments, ne leur laissât les mains libres. Pour éviter un massacre imminent, les missionnaires furent obligés de se retirer au sud du lac Nyanza. Ils y fondèrent deux postes, qui prirent très rapidement un remarquable essor. Dieu se servait de l'exil des missionnaires pour étendre leur champ d'action.

Le roi M'tesa mourut (1884) et son successeur, Mwanga, qui avait jadis commencé à se faire initier à la foi, rappela dans ses états les missionnaires qui y avaient accompli tant de bien. Les débuts du règne semblaient promettre de beaux jours à la foi chrétienne. Effrayés des sympathies non dissimulées du nouveau roi, les grands du royaume et les musulmans avaient comploté de le détrôner. Les chrétiens découvrirent le complot et s'employèrent vigoureusement à défendre le roi, qui s'en montra reconnaissant. Il laissa toute latitude à ses sujets de venir s'instruire auprès des missionnaires et lui-même professait pour l'un d'eux en particulier, le P. Lourdel, une confiance sans bornes.

Documenté comme il l'était par les lettres et les dires de ses missionnaires, l'esprit très averti de Mgr Lavigerie avait eu vite fait de discerner les principales directives qu'il convenait de suivre dans les rapports avec les indigènes et dans la façon de procéder pour les amener à la foi, au baptême et à la pratique sérieuse des vertus chrétiennes.

Une des caractéristiques de la méthode qu'il improvisa et que les Pères blancs suivent encore fidèlement fut le rétablissement du catéchuménat antique.

Ce n'est pas, comme d'aucuns le prétendent, un droit strict qu'a l'infidèle de recevoir le baptême, hors naturellement le cas d'urgence, dès qu'il a une connaissance suffisante des principaux points du dogme et de la morale catholique. Il faut se rendre compte, par une épreuve sagement menée, qu'il est dans des dispositions d'esprit et de cœur qui assurent sa persévérance. Il ne servirait à rien de multiplier les baptêmes si les néophytes, baptisés prématurément, ne sont chrétiens que de nom et pas de mœurs. Si, à la première tentation ou difficulté un peu plus grave, ils perdent leur vernis superficiel de christianisme, par leur apostasie ils feront plus de mal à la religion que leur conversion apparente n'aurait pu lui servir.

En conséquence le Délégué apostolique demandait, exigeait qu'on imposât à tout catéchumène une épreuve de quatre années consécutives, et c'est seulement au bout de ce long catéchuménat qu'on pourrait l'admettre au baptême, s'il présentait toutes les autres conditions requises.

Moyennant l'application de cette règle, Mgr Lavigerie conservait bon espoir : « L'Église, qui a triomphé de la corruption grecque et romaine, plus profonde encore que celle des noirs, parce que plus raffinée, ne doit pas désespérer de vaincre tous les obstacles. Elle a eu, dans les premiers siècles, ses postulants, ses catéchumènes, qui attendaient le baptême jusqu'à la mort, parce qu'ils ne pouvaient rompre les liens dans lesquels ils étaient engagés ; et, à la fin, elle a formé des générations de vierges. Elle saura avoir, dans l'Afrique équatoriale, une semblable patience et purifiera peu à peu ce sang corrompu ».

Cette méthode, renouvelée des temps primitifs, n'alla pas sans susciter bien des critiques. Ceux qui ne la pratiquaient point se crurent blâmés indirectement, et critiquèrent. L'archevêque, qui n'aimait pas l'opposition, d'où qu'elle vînt, et n'hésitait jamais à prendre l'entière responsabilité de ses décisions, profita d'un voyage à Rome pour soumettre au pape et à la Propagande les instructions concernant la méthode d'apostolat qu'il avait imposée. Le tout fut mûrement examiné et complètement approuvé : en conséquence le Délégué recommandait à ses missionnaires de s'y conformer avec toute la rigueur possible.

C'est précisément cette formation sérieuse des catéchumènes qui développait leur esprit de prosélytisme. Les missions fondées en 1878 prenaient ainsi un magnifique essor. Chaque année le fondateur avait pu envoyer une caravane de renforts qui amenait aux bords des grands lacs des missionnaires, prêtres ou frères coadjuteurs, et des laïcs appelés « auxiliaires ». Ces derniers, pour la plupart anciens zouaves pontificaux, venaient consacrer, à l'extension du règne du Christ en Afrique, une vie et des forces qu'ils n'avaient pu dépenser en Europe pour la défense de son vicaire.

Grâce à ces renforts d'apôtres et aux ressources qu'inlassablement Mgr Lavigerie quêtait en Europe et même en Amérique pour ses œuvres, celles-ci se développaient avec une rapidité qui touchait au prodige. En quelques années douze stations avaient été créées ; autour d'elles, à l'ombre de la croix, des villages indigènes se groupaient de plus en plus nombreux ; parmi les peuplades sauvages la vie devenait plus sûre, plus saine, plus heureuse ; la famille s'instaurait selon le type de l'évangile ; la terre, mieux cultivée, retenait le nomade, qui se fixait peu à peu ; dans les stations les orphelinats se peuplaient d'esclaves rachetés, les hôpitaux et dispensaires regorgeaient de malades qui venaient se faire soigner et remportaient, après guérison, une grande estime pour les hommes de bien qui se dévouaient avec tant de patience à l'adoucissement de leurs maux.

De tels résultats étaient obtenus malgré une agitation et une insécurité politique invraisemblables.

Nous n'avons fait qu'esquisser plus haut les compétitions européennes et leurs conséquences sanglantes à propos du royaume de l'Ouganda ; mais les convoitises ne se bornaient pas à ce seul territoire. L'Association internationale de Bruxelles se proposait, nous l'avons vu, l'exploration scientifique et systématique du centre africain afin de l'ouvrir à la civilisation, à ses lumières et à ses bienfaits, et d'y abolir les horreurs sans nom qu'y perpétraient les esclavagistes. Le mouvement était généreux : soucieuse et maternelle, la vieille Europe se penchait sur ces peuples ensevelis dans la mort afin de les amener progressivement à la lumière et à la vie.

Les régions explorées s'étaient révélées d'une très grande richesse ; le sous-sol recélait en abondance des minerais rares, de l'or en particulier; la flore était aussi exubérante que variée, la faune d'une abondance invraisemblable.

N'était-il pas éminemment sage de mettre toutes ces ressources en valeur ? N'était-il pas essentiellement civilisateur d'apprendre aux indigènes, possesseurs inconscients de tant de richesses, à en tirer parti ? Pour mener à bonne fin cette œuvre de formation et d'éducation, ne convenait-il pas de se partager la besogne ? N'était-ce pas un impérieux devoir d'humanité, pour chacune des vieilles nations européennes, d'adopter quelques pupilles africaines pour les former, les civiliser, les amener progressivement, de l'état sauvage auquel elles se trouvaient encore, à l'état de culture qui caractérise la société du monde civilisé ?

Une consultation générale eut donc lieu à Berlin (1884) pour savoir quel régime il fallait faire suivre à l'Afrique en crise de croissance. Allemagne, Angleterre, Belgique, France, Italie, Portugal, après avoir parlé des devoirs qu'impose aux civilisés l'humanité, se partagèrent de façon fort inégale les territoires africains encore inoccupés ou regardés comme tels. On esquissa, sur des cartes fort imprécises, de vagues délimitations qui devaient être mises au point sur place. Devant une carte les plénipotentiaires finissent toujours par s'entendre ; mais, sur place, l'accord est moins facile à réaliser.

Les Anglais, qui depuis longtemps travaillaient à réunir l'extrême-sud égyptien à l'extrême nord du Natal, et qui voulaient établir une ligne ferrée du Cap au Caire, se trouvèrent affrontés aux Allemands. Tard venus en colonisation, ceux-ci entreprenaient d'établir une large zone d'influence de l'Atlantique à l'Océan indien.

A l'ombre des forêts équatoriales il y eut, entre Européens, des heurts regrettables. D'autre part, les indigènes mis en tutelle à leur insu et par trop traités en mineurs, n'acceptèrent pas sans protester ce nouvel ordre de choses. Sauvages, ils protestèrent à coup de lances ou de flèches, par des meurtres, des révoltes et des séditions, auxquels les civilisés répondirent à coup de fusils, de mitrailleuses ou de canon.

Par malheur, les missions des Pères blancs se trouvaient à ces points de contact des zones d'influence allemande et anglaise. Les missionnaires furent, en tant qu'Européens, suspectés par les indigènes ; en tant que Français, on les soupçonna de n'être pas très chauds partisans des nouveaux maîtres du pays.

A certains moments le péril que coururent les apôtres fut très grand ; ils durent, à plusieurs reprises, s'exiler pour échapper au massacre et abandonner les chrétientés naissantes.

L'archevêque, dont l'inquiétude était grande, rappelait aux puissances européennes les engagements, pris au traité de Berlin, concernant la protection des missions et des missionnaires.

Il fit savoir à M. de Bismarck, par une note qui faillit susciter des complications diplomatiques, la situation fort critique où se trouvaient les missions et tous les Européens du fait des agissements de ses agents ou compatriotes, et il déclarait, non sans une certaine liberté de langage que le chancelier de fer n'était pas habitué à entendre, qu'il était du devoir de l'Allemagne de parer au péril qu'elle avait fait naître. « Les nouvelles que nous recevons depuis quelque temps sont extrêmement graves, disait Mgr Lavigerie ; tous les Européens, colons, missionnaires, explorateurs, poussent des cris de détresse. Il croient, d'après des indices nombreux, à un vaste complot formé à l'instigation des Arabes esclavagistes pour un massacre général des Européens ». Et, le 6 janvier 1886, Mgr Livinhac mandait à l'archevêque : « Le roi Mwanga, qui paraissait si bien disposé dans le principe, s'est transformé tout à coup en persécuteur acharné des chrétiens ». Le vaillant Père Lourdel mandait de son côté : « Le premier ministre et tous les Arabes en général nous sont défavorables. Ils nous représentent comme des gens qui veulent s'im-

poser au pays. Ils allèguent les invasions des Allemands, des Belges et des Anglais, dont ils nous font passer pour les précurseurs dans l'esprit du roi ».
Il n'en fallait pas tant pour déchaîner la plus terrible des tempêtes que la jeune Église de l'Ouganda pût subir. De plus en plus sollicité par les Arabes, dont la religion est si commode : « Tout y est permis et chacun peut faire comme il veut », le despote nègre fit tomber sa rage sur les jeunes chrétiens de sa cour ; il en fit arrêter, jugea et condamna une quarantaine. Leur chef fut dépecé vivant avec d'horribles raffinements de cruauté ; les autres, ligotés dans des fagots de roseaux, furent livrés au bûcher (26 mai 1886).

A cette nouvelle le cœur de l'archevêque s'émut d'un noble enthousiasme et il célébra, comme il savait le faire, cette noble phalange de jeunes martyrs nègres qui, tout humide encore des eaux du baptême, trouvait, dans les ardeurs d'une foi si jeune, le courage de supporter l'ardeur dévorante de l'horibble foyer qui les avait consumés.

Il rappelait les martyrs de l'Afrique du nord, de la Cyrénaïque et de la Tingitane, de la Mauritanie, etc., et il montrait que les chrétientés nouvelles fondées par ses fils à l'Équateur ne le cédaient en rien à ces chrétientés anciennes qui avaient illustré l'Église, leur mère, et l'Afrique, leur patrie. Se plaisant à évoquer la troupe généreuse des martyrs d'Utique appelée « masse blanche », *massa candida*, à cause de la chaux vive dans laquelle ils furent ensevelis pêle-mêle, il lui opposait, en un pendant héroïque, sous les noirs décombres du bûcher qui l'avait consumée, la « masse noire » des jeunes martyrs de l'Ouganda.

Il prescrivit au supérieur de la Mission, qu'il venait

de faire élever à l'épiscopat, d'ouvrir immédiatement
un procès canonique et de recueillir tous les renseignements nécessaires à l'introduction de cette cause
si chère en cour de Rome.

Les Actes des Martyrs de l'Église d'Afrique, déjà
si riches, allaient s'enrichir d'une des plus belles
pages que l'Église moderne ait eu à enregistrer.

Nous ne suivrons pas dans toutes ses péripéties
l'histoire, cependant si intéressante, des missions
équatoriales, histoire à laquelle le Délégué apostolique prenait une si grande part, d'abord parce que
les actes principaux de la vie de ces missions étaient
inspirés par ses ordres ou ses conseils, et aussi parce
que lui-même, par sa parole ardente et ses écrits
lumineux, se chargeait de la porter à la connaissance
du grand public, je ne dirai pas seulement européen,
mais mondial.

A qui voudrait écrire cette histoire il suffira de
prendre les écrits du cardinal : lettres, mandements,
rapports, mémoires ; tout s'y trouve relaté de main
de maître ; la plume du docteur ès lettres et de l'ancien professeur en Sorbonne s'y reconnaît ; elle com-
mente avec la profondeur de vues du plus éclairé et
du plus habile des diplomates.

Il fallut longtemps avant que le calme et la sécurité
se rétablissent et de nombreux chrétiens payèrent de
leur vie ou de leur sang — car tous ne moururent pas
des mauvais traitements qu'ils eurent à subir — la
fidélité à leur foi. Mais là comme partout le sang des
martyrs fut une semence de chrétiens.

Les néophytes, d'ailleurs, surent venger leurs
frères, comme des chrétiens savent le faire. Le roi
persécuteur fut renversé de son trône et chassé de
son royaume (janvier 1889) : les nègres le trouvaient

trop cruel, et les Arabes trop perfide. Son successeur fut pire encore. Alors, aidé des chrétiens qu'il avait exilés, Mwanga entreprit de ressaisir l'autorité ; il réussit, et peu à peu le calme se rétablit.

Une des conceptions les plus hardies du Délégué, hardie à ce point qu'on serait presque tenté de l'appeler une utopie, avait été, dès les débuts même de la mission équatoriale, l'organisation, au centre africain, d'un royaume chrétien. « Une société, disait-il, ne devient chrétienne que lorsque les princes ont embrassé la foi. Hors de là les résultats sont misérables et précaires. La meilleure chance de conversion pour l'Afrique équatoriale serait donc qu'un prince, tel que le très-puissant M'tesa, par exemple, se fît chrétien, s'appuyât sur les missionnaires et, par eux, entrât en relations avec les nations de l'Europe. (Nous avons vu qu'il ne tint pas au cardinal que cela ne fût réalisé). Un tel prince, ainsi soutenu, serait bientôt le maître d'une partie considérable de l'Afrique, et le christianisme avec lui. Si aucun des princes noirs actuels n'est à la hauteur de ce rôle, serait-il impossible à un Européen, vaillant et chrétien, de l'assumer et de le remplir ? » Il espérait que l'un ou l'autre des auxiliaires qui s'adjoignaient à ses missionnaires réaliserait ce rêve. C'est ce qui arriva, en miniature, par suite de circonstances exceptionnelles.

Sur la rive ouest du lac Tanganyka le roi des Belges Léopold II avait fait construire, à Mpala, une station militaire pour la défense et le ravitaillement des explorateurs de l'Association internationale. Décidé à porter ses efforts de colonisation sur le Bas-Congo, il retira ses agents et ses troupes, et, désireux de ne pas abandonner le poste aux Arabes esclavagistes, l'offrit au cardinal pour y installer des missionnaires.

Le commandant du fort, en se retirant, laissa aux missionnaires des armes, de la poudre, deux petits bateaux à voiles et une garnison nègre payée pour six mois.

Le cardinal fit alors appel au dévouement d'un de ses auxiliaires, M. Joubert, ancien capitaine des zouaves pontificaux et qui, depuis six années, était installé dans une des missions des Pères blancs (1886).

Mgr Lavigerie eut la consolation de voir, avant sa mort, l'essor merveilleux que prenaient ses missions des grands lacs, pour lesquelles il s'était si activement dépensé.

En onze caravanes il avait pu y envoyer 73 missionnaires-prêtres, 22 frères coadjuteurs, 13 auxiliaires laïcs et 5 médecins ou catéchistes indigènes, soit en tout 113 ouvriers évangéliques. Malgré l'effrayante mortalité qui, durant les toutes premières années surtout, avait cruellement décimé les rangs des apôtres — on comptait le chiffre énorme de 32 décès —, on avait 5 missions distinctes gouvernées par 2 évêques et 3 provicaires apostoliques. .

Ne peut-on, à propos de l'œuvre immense accomplie par le cardinal et par ses fils dans le centre africain, évoquer ce passage de l'évangile : « En ce temps-là Jésus descendit sur les bords du lac, dans la Galilée des Gentils, et l'on vit s'accomplir l'oracle du prophète Isaïe : Les peuples qui étaient assis dans les ténèbres virent luire une clarté, et ceux qui habitaient dans la région de la mort virent se lever sur eux la lumière ».

CHAPITRE VIII

Mission tunisienne
1875-1884

Saint-Louis de Carthage. Musée archéologique. Occupation militaire de la Tunisie (1881) Administration apostolique (1881). Organisation des œuvres. Budget tunisien. Archevêché de Carthage.

Déjà, en 1870, au conseil du gouvernement de l'Algérie, dont il faisait partie, Mgr Lavigerie disait, dans un mémoire très fouillé qu'il avait intitulé «Notes pratiques sur l'Algérie », à propos de mesures à prendre concernant la réduction des effectifs militaires : «A moins que l'on ne veuille prendre un jour la Tunisie, qui est prête à se donner à nous pour échapper à son affreux et infâme gouvernement ».

Il songeait donc déjà, deux ans à peine après son installation à Alger, à l'action possible et désirable de la France dans la Régence de Tunis.

Jusqu'en 1871 le bey de Tunis, Mohamed es Sadoc, avait entretenu avec la France d'amicales relations ; mais, à la suite de nos revers, s'éloignant de nous, il s'était rattaché comme vassal au sultan de Constantinople. Celui-ci s'était empressé d'accepter cette tutelle et avait accordé au bey le titre de grand vizir : désormais la Sublime Porte devait donner son agrément à toutes les manifestations extérieures de la vie nationale de la Tunisie ; le vassal ne pouvait, sans l'avis de son suzerain, émettre d'emprunts extérieurs, faire la guerre ou la paix ; il devait même, en cas de besoin, fournir des troupes à la Turquie.

Les Français avaient trop d'intérêts politiques et financiers engagés dans la Régence de Tunis pour accepter bénévolement qu'elle se plaçât sous une autre protection que la leur ; aussi le gouvernement refusa de reconnaître ce traité. Créanciers, comme nous l'étions, de plus des trois cinquièmes de toute la dette extérieure de la Tunisie, il nous fallait, en garantie, des gages, et comment aurions-nous pu les garder si nous n'avions pas eu notre mot à dire dans les affaires de l'État ? De plus, et cela était chose grave, on se plaignait à juste titre des déprédations que faisaient les Kroumirs sur la frontière algéro-tunisienne. Tout récemment encore, un de nos transports s'étant échoué près de Tabarka, ces insatiables pilleurs avaient tout enlevé, non sans malmener les passagers. Le gouvernement français menaçait, demandait des réparations, exigeait la punition des coupables, et le bey de se déclarer chaque fois impuissant à nous rendre justice, ces tribus se soustrayant à son autorité. C'était nous inciter à nous faire justice nous-mêmes et à prendre la place de l'autorité beylicale défaillante : on finit par le comprendre et par l'exécuter.

Pendant que se déroulaient en Tunisie ces complications, l'archevêque d'Alger eut l'occasion de fonder à Carthage un poste de missionnaires, fondation qui devait avoir, pour le fondateur et pour la Tunisie elle-même, des conséquences considérables.

En 1875 Mme Chanzy, femme du gouverneur général d'Algérie, visitait la Tunisie. On ne peut aller en ce pays sans évoquer, sur les ruines de Carthage, cette redoutable ennemie de Rome, les souvenirs si nombreux qui s'attachent à ce sol : Didon chantée par

Virgile, Hasdrubal, Hamilcar, Annibal, et plus tard
saint Cyprien, sainte Perpétue, sainte Félicité et tant
d'autres, puis enfin saint Louis, qui mourut en ce
lieu, souhaitant que la croix du Christ y supplante
le croissant qu'il était venu combattre. Ayant appris
qu'au lieu même où la tradition place la mort de ce
saint roi s'élevait, sur une parcelle de territoire con-
cédée à la France, une petite chapelle autrefois des-
servie par un prêtre français, la pieuse visiteuse
désira y entendre la messe. Le petit édicule, consacré
à perpétuer le souvenir du plus saint de nos rois, se
trouvait dans un état de délabrement qui fit honte
à sa foi et à son patriotisme.

Mme Chanzy déclara que, dès son retour à Alger,
elle parlerait de cette chapelle à l'archevêque afin
qu'il y envoyât des prêtres pour la desservir. Un tel
projet entrait trop bien dans les vues du prélat pour
qu'il n'y donnât pas suite immédiatement. Il se rendit
donc, en pèlerin, à ce monument national et fut, lui
aussi, douloureusement ému.

« C'est dans cette première visite au tombeau de
saint Louis, écrivait-il plus tard, que je commençai à
comprendre les obligations de la France. Rien, dans
ce que je voyais là, ne me montrait que, jusqu'alors,
cette pensée de patriotisme chrétien eût été comprise.
L'aspect et les proportions du monument ne répondaient pas au grand souvenir qu'il devait rappeler.
Les Français qui le visitaient en avaient une sorte de
honte et de remords patriotiques. Ce qui était plus
triste encore, c'est que depuis longtemps aucune
prière ne se faisait à l'autel de saint Louis. Le culte
y était supprimé par une coupable indifférence. Un
sentiment de pudeur nationale me saisit à ma première entrée dans la chapelle ; je m'agenouillai et là,

rougissant pour mon pays et pour l'Église, je promis à Dieu de faire tout ce qui serait en mon pouvoir pour que Français et chrétiens n'eussent pas plus long-temps à s'attrister d'un tel spectacle ».

Et en effet, dans ce pitoyable monument, si étri-qué, si délabré, tout était fait pour contrister une âme française, jusqu'à l'erreur commise en France d'où l'on avait envoyé, pour orner la chapelle, au lieu de la statue aux traits ascétiques du roi saint Louis, celle du trapu et massif Charles V le Sage !

Si le terrain de Byrsa, l'acropole de l'ancienne Carthage, où s'élevait la chapelle Saint-Louis, appar-tenait à la France, il dépendait, au point de vue ecclésiastique, de la juridiction du vicaire apostoli-que de Tunisie, qui était alors un Franciscain italien, Mgr Suter.

Les Italiens étaient très nombreux dans la Ré-gence ; une grosse partie de la petite propriété foncière était entre leurs mains. Travailleurs, prolifiques, se contentant de peu, ils s'étaient établis en grand nombre sur cette terre fertile qu'ils excellaient à mettre en valeur, et ils avaient pris l'habitude de considérer la Régence comme un de leurs fiefs. Le service religieux des colons italiens était assuré par des Franciscains de leur nationalité qui avaient à leur tête un vicaire apostolique.

Il y avait tout lieu de craindre que la même ardeur patriotique qui poussait Mgr Lavigerie à mettre le pied en Tunisie n'inspirât aux Francis-cains italiens l'intention bien arrêtée de ne pas se laisser supplanter.

L'archevêque d'Alger, qui avait séjourné en Italie et connaissait les hommes à qui il allait avoir affaire, se rendit à Rome et présenta lui-même sa requête au Saint-Père ; Pie IX lui répondit en souriant « qu'il était évidemment très juste que des Français desservent en Tunisie, comme ils le font à Rome, le sanctuaire d'un roi de France ».

A Tunis même, l'actif et intelligent consul de France, M. Roustan, comprit bien vite tout le parti que la France pourrait tirer d'un pareil établissement, avec un évêque tel que Mgr Lavigerie, et il s'employa très habilement à la réussite de ses desseins.

A peine rentré de Rome, l'archevêque d'Alger envoya trois Pères blancs qui s'installèrent à Saint-Louis avec le titre et les fonctions de chapelains (1875).

Là, comme partout, les missionnaires commencèrent par la charité, ouvrant un dispensaire, assistant, soignant, guérissant les malades.

Mais, à peine installé à Carthage, le prélat entend y travailler pour la gloire de la religion et l'honneur de la France, et il rêve déjà de faire construire, en l'honneur de Louis IX, un monument digne d'un saint, d'un roi et d'un roi de France. Il veut y élever une cathédrale qui sera le sanctuaire de la foi, de la fidélité, et qui, par ses majestueuses proportions, contribuera à procurer l'honneur de la France.

Dès le jour de leur installation à Saint-Louis, les Pères blancs, sur la parcelle de terre française qu'ils occupaient, arborèrent ostensiblement le drapeau national qui flottait là, sur les ruines de Carthage, comme sur un îlot battu par les flots. Quand l'œuvre entreprise par l'archevêque sera terminée, quinze ans plus tard, le drapeau français protecteur flottera sur la Tunisie tout entière, à côté de la croix.

Sentant que la susceptibilité jalouse et inquiète des nombreux Italiens de la Régence suscitera des difficultés, l'archevêque entreprend de suppléer au nombre par l'influence morale : « Sur chaque motte de terre où l'Italie met un homme, nous mettrons un écu », déclare-t-il. Et aussitôt son infatigable charité se met en devoir d'agir. Il projette l'agrandissement de l'hôpital de Tunis, la construction d'un autre pour les indigènes, comme aux Attafs, l'ouverture d'un asile pour les vieillards, confié aux Petites Sœurs des pauvres, l'installation à Tunis d'une communauté de Sœurs du Bon-Secours pour le soin des malades à domicile, enfin l'ouverture d'un collège français à Saint-Louis de Carthage.

Ces entreprises charitables d'un prélat algérien n'étaient pas sans porter quelque ombrage au vicaire apostolique de Tunisie. Poussé par ses conseillers italiens, Mgr Suter dénonça en haut lieu ce qu'il appelait les empiètements de l'archevêque français sur le domaine temporel de Saint-Louis et sur le domaine spirituel qui relevait uniquement du vicaire apostolique. C'était prévu, et Mgr Lavigerie avait pris ses précautions : avant de rien entreprendre il s'était fait autoriser explicitement par le Saint-Père à faire ces créations charitables. Aussi il lui fut facile de remettre les choses au point. Mais, comme il fallait prévoir d'autres difficultés qui ne manqueraient pas de surgir, il prépara, tant en Tunisie même qu'à Rome, ce qu'il appelait « l'établissement du protectorat religieux » de la France.

Décidé à activer, par sa présence, l'exécution des travaux qu'il avait fait entreprendre, cathédrale et collège, il acheta à La Marsa, tout proche de Carthage, une petite propriété où il s'établit. Les travaux en cours lui donnèrent occasion de fonder une œuvre nouvelle. En creusant le sol pour établir les

fondations des édifices projetés, on découvrit une
multitude d'objets provenant de l'acropole carthaginoise : fûts de colonnes, fragments de statues, inscriptions puniques, vases de toutes formes, tombeaux, mosaïques, bijoux, monnaies ; on retrouvait
comme dans des stratifications successives, déposées
là par la suite des temps, des restes merveilleux des
civilisations arabe, chrétienne, romaine, punique,
qui s'étaient superposées sur le terrain primitif.

Dans ces amphores puniques, exhumées après des
siècles, un missionnaire, préposé aux travaux, venait
de trouver sa vocation. Au contact de ces vénérables
antiquités que la pioche des terrassiers ramenait à la
lumière après quinze ou vingt siècles, sa curiosité
scientifique et archéologique s'était éveillée ; il se
mit à déchiffrer les inscriptions, à rapprocher les fragments, à reconstituer les statues, à classer, à cataloguer. Envoyé sur le chantier pour surveiller les
maçons, il en sortait archéologue.

L'archevêque ne mit pas sous le boisseau le flambeau qui s'allumait aux lampes funéraires, puniques
ou romaines, et chargea le P. Delattre de continuer
méthodiquement les fouilles commencées accidentellement. Il rédigea même un important mémoire à
l'Académie des Inscriptions et Belles-Lettres, pour
la mettre au courant des résultats obtenus et faire
reconnaître le P. Delattre comme directeur officiel
des fouilles scientifiques du présent et de l'avenir.

« A la vérité, écrivait-il, lorsque les missionnaires
sont venus s'offrir à moi, ils ne pensaient qu'à éclairer les barbares de l'Afrique ; mais je ne crois pas
les détourner de leur œuvre en les chargeant de
prouver en outre, à quelques civilisés de notre Europe,
que l'Église n'a pas cessé d'être l'amie des sciences ».

Le directeur des fouilles archéologiques de Carthage, le P. Delattre, universellement connu et apprécié, en a fait et en fait encore actuellement une éclatante démonstration.

En mars 1881 une escarmouche entre Kroumirs et troupes françaises d'Algérie décida le gouvernement français à l'action. Puisque le bey ne pouvait assurer la sécurité de notre frontière algérienne et la vie de nos compatriotes, nous allions les assurer nous-mêmes. Il fut prévenu que ce n'était pas en ennemies que nos troupes pénétraient en Tunisie, mais en alliées et en auxiliaires de son pouvoir souverain, pour châtier des rebelles, auteurs de tant de méfaits, ennemis de l'autorité beylicale et perturbateurs de l'ordre tant en Tunisie que sur nos frontières d'Algérie.

Naturellement le bey, vassal de la Sublime Porte, éleva des protestations dont nous ne pouvions tenir compte.

Les troupes d'Algérie franchirent la frontière, d'autres débarquèrent à Bizerte ; et, pendant que les premières écrasaient les Kroumirs dans les montagnes où ils s'étaient réfugiés, les autres marchaient droit sur Tunis, où le bey affolé s'en prenait à tout le monde, et surtout aux agents italiens, de l'étrange aventure où il se trouvait embarqué.

Le 12 mai, le général commandant le corps expéditionnaire eut une entrevue avec le bey, au palais du Bardo. Il lui fit savoir qu'il était chargé, par la France, d'établir entre les deux pays des relations définitives moyennant un traité qui aplanirait à l'amiable les difficultés pendantes et sauvegarderait pleinement la dignité du bey. Celui-ci signa le traité proposé, et la Régence de Tunis passa de la tutelle turque sous le protectorat français.

Un nouvel état de choses allait commencer. Et d'abord la colonie italienne qui, en ces dernières années, voyait l'influence française croître dans la mesure où se développaient les œuvres de bienfaisance établies par l'archevêque, devint forcément plus circonspecte et moins remuante. Cependant, au fond, ses convoitises devenaient de plus en plus fortes à mesure que les chances de les satisfaire diminuaient. D'autre part, l'archevêque d'Alger, prélat français, allait avoir ses coudées franches en un territoire officiellement soumis aux autorités françaises.

Par ses œuvres il avait déjà opéré, en grande partie, l'annexion des cœurs. Français, Maltais, Siciliens, Italiens même étaient obligés de reconnaître son action bienfaisante et lui avaient voué un véritable culte. Pour tous il était la charité personnifiée.

Il avait un pied dans la place ; il se réservait d'attendre le moment favorable pour agir vigoureusement et s'y établir sans conteste.

Le gouvernement, qui se félicitait de le voir apporter au développement de l'action française en Tunisie le concours de son autorité et de son influence personnelle, était décidé à le soutenir jusqu'au bout et à agir en cour de Rome dès que cela serait jugé nécessaire.

Des circonstances favorables ne tardèrent pas à se présenter. En 1881 le vénérable vicaire apostolique avait 81 ans, et il y en avait 44 qu'il exerçait en Tunisie le ministère pastoral. Très Italien d'esprit et de cœur, il voyait avec inquiétude le changement de régime qui s'opérait dans la Régence, mais il comprenait qu'une main plus jeune et plus ferme devait prendre les rênes d'un gouvernement spirituel qui allait devenir beaucoup moins facile.

Il demanda donc un coadjuteur et présenta, selon l'usage, pour le choix de la Propagande, trois religieux franciscains italiens de son vicariat. L'archevêque était aux écoutes : il eut vent de la chose et résolut d'agir avec sa coutumière décision. « J'écris à Rome sans délai pour le vicariat apostolique, mandait-il au résident de France à Tunis ; mais j'ai peur que nous n'arrivions trop tard. L'Italie s'agite pour le protectorat religieux, et on l'écoute ». Et puisque l'Italie s'agitait et qu'on l'écoutait, il fallait s'agiter aussi et arriver à se faire écouter de son côté. Il faut donc, suggère-t-il, faire agir le gouvernement français ; puis, en homme au courant des choses romaines, il indique « la corde qu'il faudra toucher ».

Il partait de cette conviction que la France ne pourrait gagner complètement la Tunisie qu'en substituant au clergé italien un clergé français. Le patriotisme de ce clergé italien était très ardent, très communicatif et très opposé à la domination française, opposition naturelle d'ailleurs et dont on ne peut le blâmer.

On devait donc, pour commencer, et puisque la succession du vicaire apostolique était ouverte, obtenir de Rome un évêque français.

L'ambassadeur de France à Rome fit vibrer la corde indiquée, et la cour romaine, désireuse de ne pas déplaire à la France, décida, en attendant que les choses eussent pris une tournure définitive, de ne pas donner de successeur à Mgr Suter, mais de suppléer à son absence par un administrateur apostolique.

Il fallait, car la situation était assez difficile, un homme d'autorité et de tact, au courant des affaires tunisiennes et des choses de la vie musulmane.

Mgr Lavigerie se trouvait tout désigné ; il fut, en effet, nommé à cette charge par bref du 21 juin 1881. Il y avait un mois et demi que le traité du Bardo était signé. Les choses n'avaient pas traîné en longueur.

Le nouvel administrateur alla immédiatement prendre possession de sa charge. Il fut très cordialement reçu par Mgr Suter, auquel il avait fait assurer une rente viagère par le gouvernement français. Les Franciscains italiens se montrèrent moins courtois ; il y eut même quelques velléités de résistance que l'Administrateur sut apaiser par une habile fermeté. Puis il se rendit en France pour y obtenir, des œuvres, du public et du gouvernement, les secours et subsides nécessaires à l'accomplissement des grands desseins qu'il avait conçus et qui étaient déjà en voie d'exécution.

Il obtint beaucoup, sinon tout ce qu'il voulait, puis revint en Tunisie opérer ce qu'il appelait la conquête morale.

Il parcourut les principaux centres, semant partout de larges aumônes et donnant partout une haute idée et de la religion dont il était le ministre, et de la France dont il répandait les bienfaits.

A Sfax, entre autres, qui s'était insurgé contre nos troupes et s'était vu, de ce fait, imposer une contribution de six millions de francs, il reçut les principaux de la ville qui vinrent le supplier d'obtenir un sursis pour le paiement de cette amende. Il sut, par ses paroles d'apaisement et de sagesse, leur faire reconnaître leurs torts et acclamer la France, et il put leur obtenir les délais désirés. Cette intervention fit plus pour l'apaisement des esprits que toutes les mesures qui avaient été prises.

Grâce à cette politique chrétienne de la charité

pour tous, partout et toujours, l'influence française devint rapidement prépondérante. Un jour le consul d'Italie, rencontrant l'archevêque à Tunis, ne put s'empêcher de lui dire : « Oh ! Monseigneur, que vous faites de bien ! Mais que ce bien nous fait de mal ! »

En 1882 M. Cambon fut nommé résident à Tunis. Il connaissait personnellement Mgr Lavigerie et lui écrivait à cette occasion : « En acceptant un peu audacieusement la succession de M. Roustan, j'ai fait entrer en ligne de compte votre présence à Tunis comme l'une de mes meilleures chances. Je pourrai avoir recours à vos lumières, vous demander votre appui et vous donner mon concours ».

Évincée politiquement de la Régence, l'Italie essayait, en aidant largement ses écoles, de prendre une revanche morale de l'échec que lui avait infligé l'occupation française. Sur ce point-là encore Mgr Lavigerie veillait : il s'ingéniait à ouvrir partout des écoles françaises, afin que là où, par sa charité, il avait fait bénir la France, il pût aussi en faire parler la langue : « Le pays, disait-il, sera à qui fera parler sa langue ». Et voici le beau témoignage que rendait un protestant, après une sérieuse enquête sur l'œuvre scolaire du cardinal : « Les congrégations religieuses ont admirablement préparé le terrain sur lequel s'établit maintenant la prépondérance de la France en Tunisie. Les progrès accomplis sont considérables, et c'est au cardinal Lavigerie qu'en revient tout l'honneur. Par son inépuisable charité, sa largeur de vues, son grand esprit pratique, sa parfaite connaissance des hommes et des choses, son sens politique, il a, du jour au lendemain, attaché à sa personne et par suite à la France, la majeure partie de la population européenne, maltaise d'origine ;

et cela d'une façon tellement étroite que, si la France demandait aujourd'hui à la Tunisie de légitimer le nouvel ordre de choses par le suffrage universel, il en sortirait une éclatante consécration ».

Ce témoignage d'un homme impartial sur l'action du cardinal en Tunisie était corroboré, à la même époque, par celui d'un adversaire aussi hostile à l'archevêque qu'au Français, le ministre italien Crispi : dans son journal « La Riforma », il était obligé de convenir « que la présence du cardinal à Tunis valait à la France une armée ».

Tous le reconnaissaient, tous le proclamaient, sauf en France quelques sectaires du Parlement. Chaque année, au palais Bourbon, il y avait des discussions à propos des subsides que le ministre des cultes accordait au clergé tunisien, subventions dues, en vertu de promesses explicites, à nos plus ardents et plus habiles agents d'assimilation. On accusait le cardinal et les Pères blancs de faire, parmi les musulmans, un prosélytisme gros des plus périlleuses conséquences. On entendit même un jour un ministre, Paul Bert, faire un réquisitoire à fond contre le fanatisme de l'archevêque et accuser tragiquement le clergé tunisien de préparer contre nous des « vêpres tunisiennes ».

Jules Ferry eut le courage et la loyauté de mettre les choses au point : la nomination de l'administrateur apostolique engageait l'honneur de la France, qui ne pouvait renier la parole qu'elle avait donnée.

Le résultat de ces mesquines discussions était que, chaque année, la maigre allocation accordée par le gouvernement au clergé de la Régence allait s'amoindrissant.

En 1887, par dignité, le cardinal demanda lui-même

au gouvernement de ne plus inscrire, au projet de budget, d'allocation pour le clergé de la Tunisie : « Nous ne voulons plus, disait-il, être l'objet de la dérision de ceux qu'on fait douter de notre dévouement à la France ; nous n'acceptons pas cette douleur imméritée ». Et, annonçant à son clergé la mesure qu'il avait prise, il lui disait : « Ce qu'on nous accordait était un commencement d'agonie ; or, pour moi et pour vous, mieux vaut la mort qu'une agonie qui se prolonge sans honneur ».

Pour donner plus d'éclat à l'action catholique en Tunisie, le cardinal avait l'ambition de faire rétablir par Rome l'antique siège de Carthage. Un vicariat apostolique, cela sentait trop l'organisation encore incomplète d'un pays de mission ; par contre, un siège archiépiscopal avec une hiérarchie régulière, comme l'Église l'établit dans les pays civilisés, c'était une mesure conforme à la glorieuse tradition qui s'attachait au siège de saint Cyprien. En effet, le pape Léon IX, en 1053, avait dit : « Il est hors de doute qu'après le pontife romain, le premier archevêque est celui de Carthage. Ce privilège, qu'il a reçu du Saint-Siège apostolique, il le conservera jusqu'à la fin des siècles et tant que le nom de Notre-Seigneur Jésus-Christ sera invoqué en Afrique, soit que Carthage reste abandonnée, soit qu'elle ressuscite un jour dans sa gloire ». Ces dernières paroles semblaient au cardinal une prophétie pour Carthage, un horoscope pour lui-même.

Déjà, grâce à ses efforts, Carthage semblait vouloir renaître de ses ruines. Autour de la cathédrale qu'il avait fait construire au sommet de la colline de Byrsa, se groupaient quelques maisons religieuses, un Carmel, un collège, et l'on pouvait espérer qu'autour de cette nouvelle Carthage religieuse une Carthage profane viendrait, avec le temps, s'établir.

Dans un voyage à Rome l'Administrateur apostolique saisit la cour romaine d'une demande en forme de restauration du siège de Carthage. Cette demande était très chaudement appuyée par le gouvernement français, qui voyait là un moyen de faire passer, d'une façon définitive, le territoire de la Régence de Tunis sous l'autorité d'un prélat français.

Le 20 novembre 1884, une bulle pontificale annonçait au monde chrétien la résurrection de l'ancienne Église métropolitaine et primatiale de Carthage et en confiait le gouvernement au cardinal Lavigerie.

C'était une lourde charge qui venait s'ajouter à celles, déjà accablantes, qui pesaient sur ses épaules. Mais il n'était pas homme à reculer devant l'ouvrage quand il s'agissait du service de Dieu, du bien des âmes et de la gloire de la France.

Il fallait organiser le diocèse et des paroisses, recruter un clergé, ouvrir des écoles, fonder des œuvres, trouver des ressources. Pèlerin infatigable de la charité, le primat reprit le chemin de l'Europe et sollicita la charité des fidèles en faveur de ses œuvres nouvelles, aussi indigentes que les anciennes.

Entre temps il organisait le Chapitre de son église primatiale et obtenait, pour ses chanoines, le titre et le costume des prélats de la maison pontificale.

En quelques années tout fut créé, construit, organisé ; et quand, en 1888, il célébra son Jubilé de 25 ans d'épiscopat, il put rappeler, dans une admirable lettre à son clergé, toutes les œuvres entreprises et menées à bonne fin.

En 1890, deux ans avant sa mort, il eut la grande joie de consacrer, dans une pompeuse et magnifique cérémonie, comme il excellait à les organiser, l'église primatiale de Carthage. Après la cérémonie il descendit dans la crypte, où il avait fait préparer son tombeau, et y pria longuement. Il fallut, pour sortir, l'aider à remonter les degrés : « Merci, mes enfants, dit-il aux missionnaires sur lesquels il s'appuyait ; le jour vient, et il est proche, où vous n'aurez plus à me remonter ».

CHAPITRE IX

Mission palestinienne
1878

Idées personnelles de Mgr Lavigerie sur les églises orientales. Historique de Sainte-Anne, basilique française. Proposition du gouvernement français. Projet primitif. Évolution dans le but à atteindre. Développement de l'œuvre.

Dès les débuts de sa carrière sacerdotale Mgr Lavigerie avait été pris par l'Orient. En 1859 il était entré en relations suivies non seulement avec les missionnaires et religieux de rite latin établis en Palestine et en Asie-Mineure, mais encore avec les représentants du clergé grec autochtone, et dès ce premier contact le jeune directeur de l'œuvre des Écoles d'Orient avait compris toute la grandeur du rôle joué là-bas par la France catholique et tous les avantages qui pouvaient lui en revenir du point de vue politique. Son zèle sacerdotal pour la gloire de Dieu n'était point incompatible avec son zèle patriotique pour l'expansion de l'influence française, en ces pays surtout où ils sont si intimement liés.

Le voyage qu'il fit en Syrie en 1860, à la suite des événements que nous avons racontés, lui avait permis de voir sur place et de juger ces chrétientés orientales si attachées à leurs usages et à leurs rites. Il avait vu se dérouler devant lui les pompeuses et impressionnantes cérémonies du rite grec qui fait au peuple, dans les offices liturgiques, une si grande part et qui par ses splendeurs extérieures répond si admirablement aux besoins de l'âme orientale.

Membre, pendant son auditorat de Rote, de la congrégation de la Propagande pour les rites orientaux, il avait été, au concile du Vatican, à cause de sa compétence reconnue dans la matière, nommé à la commission des affaires orientales. Peu de prélats occidentaux étaient aussi au courant que lui des choses religieuses et politiques d'Orient.

C'est par un singulier et mystérieux enchaînement de faits que Mgr Lavigerie fut amené à réaliser les idées qu'il s'était faites au sujet des Églises de rite oriental et du renouveau de vitalité qu'il convenait de leur infuser.

En 1857, à la suite de la guerre de Crimée, le gouvernement turc, notre allié et notre obligé, céda au gouvernement français un des édifices sacrés de la Terre Sainte : le sanctuaire de Sainte-Anne à Jérusalem. Suivant une très vénérable tradition, appuyée sur une série très impressionnante de témoignages d'une haute valeur et remontant jusqu'aux premiers âges du christianisme, ce sanctuaire avait été construit sur l'emplacement de la maison natale de la sainte Vierge, et c'est en ce lieu si cher à la piété chrétienne que s'est accompli le mystère de l'immaculée conception et que la mère du Sauveur a vu le jour.

Il consistait en deux édifices superposés, l'un dédié à sainte Anne, l'autre à sa fille. On y reconnaissait l'ouvrage des croisés, qui avaient reconstruit le sanctuaire antique tombé en ruines.

Au xiiie siècle Saladin en fit une médersa ou école musulmane, ce qui en assura, au moins partiellement, la conservation ; aussi, à l'heure actuelle les musul-

mans de Jérusalem l'appellent encore « Salahyé ».
En 1861, lors de son voyage en Orient, l'abbé Lavigerie avait été lamentablement impressionné par l'état de délabrement de cette propriété nationale française, et son amour-propre patriotique aurait voulu agir aussitôt pour que cette basilique devînt digne et de la mère de Dieu et de la fille aînée de l'Église ; mais alors il y avait autre chose à faire qu'à empêcher ces ruines de périr : des hommes mouraient de faim, il fallait courir au plus pressé.

Peu à peu, cependant, grâce à des crédits annuels qu'on aurait pu désirer plus amples, un habile architecte avait restitué à la basilique son antique physionomie et elle était devenue l'un des édifices les plus parfaits de la ville sainte.

Qu'allait devenir ce monument aussi heureusement remis en état ? La France avait offert de le mettre à la disposition du patriarche de Jérusalem ; c'était alors un Italien, Mgr Valerga : il le refusa.

On l'avait alors proposé à des religieux français, Jésuites, Dominicains, Pères de Sion, Prémontrés, mais le patriarche s'était opposé à leur établissement, parce que, disait-il, ç'aurait été porter atteinte aux privilèges des Franciscains, en possession six fois séculaire et exclusive du droit de desservir les sanctuaires de la Terre-Sainte.

Devant cette opposition systématique du patriarche les religieux s'étaient abstenus, et le gouvernement français se trouvait posséder à Jérusalem un sanctuaire très vénérable que personne ne pouvait aller desservir.

Pour trancher la situation quelque peu paradoxale, il s'adressa à Mgr Lavigerie : l'habileté, les vastes conceptions, le patriotisme du prélat étaient autant de gages de succès. Et puis il semblait qu'une Société algérienne, déjà au courant des habitudes musulmanes, serait plus que toute autre capable de faire du bien à Jérusalem.

Ce fut en 1877 qu'on offrit le sanctuaire à l'archevêque d'Alger pour ses Pères blancs.

Ils avaient été créés uniquement pour exercer le ministère apostolique en Afrique, et le fondateur pensait qu'accepter l'œuvre de Sainte-Anne serait détourner ses fils du but essentiel qu'il s'était proposé. Son premier mouvement fut donc de refuser. Pour flatteuse que fût cette proposition, ne risquait-elle pas, d'ailleurs, de devenir très onéreuse ?

A la réflexion cette première impression s'effaça ; on offrait à ses fils le berceau de Marie, la première patronne et la reine de leur Société : pouvaient-ils refuser cette marque de dévotion de prendre soin de son berceau à leur mère, à celle qui avait entouré de tant de soins et d'une si maternelle sollicitude le berceau de leur Société naissante ? Enfin, puisque l'avenir des sociétés religieuses s'annonçait si précaire en France, ne serait-il pas précieux quelque jour pour ses missionnaires d'avoir à Jérusalem un refuge tout trouvé si les lois qu'on élaborait étaient appliquées dans tout leur étroit et néfaste sectarisme ?

Le fondateur en référa au conseil de la Société, qui passa par les mêmes alternatives ; après mûre réflexion la proposition du gouvernement fut acceptée.

L'archevêque entra en négociations avec le gouvernement et un traité fut élaboré. Le sanctuaire restait à perpétuité la propriété de la France ; la garde et l'usage en étaient confiés aux Pères blancs, qui s'engageaient à y entretenir une communauté française de douze missionnaires subventionnés par le gouvernement. Les missionnaires devaient être placés, au spirituel, sous la juridiction du patriarche latin de Jérusalem, et, au temporel, sous la protection du consul de France.

D'après les plans primitifs, cet établissement devait devenir un Institut supérieur d'études bibliques où de jeunes ecclésiastiques français viendraient se perfectionner dans la connaissance des saintes Écritures et des sciences connexes. Mgr Lavigerie ne croyait guère à l'avenir de cette école des hautes études scripturaires ; il accepta cependant, comptant bien qu'avec le temps s'opérerait une transformation qui mettrait l'œuvre de Sainte-Anne plus en harmonie avec la vocation tout apostolique de ses missionnaires, avec les desseins qu'il avait conçus lui-même et avec les besoins des chrétientés d'Orient.

Le patriarche latin, consulté par la Propagande, s'opposa de nouveau au projet, qu'il croyait définitivement abandonné. Il fallut, pour le succès de l'affaire, toute l'habile diplomatie du ministre français auprès du Saint-Siège, toute l'influence de l'archevêque d'Alger à Rome et la bienveillance notoire de Léon XIII en faveur d'un projet si conforme à ses desseins.

Et encore on y mettait des restrictions : regardés comme « indésirables » par le patriarche, sous la juridiction duquel ils étaient placés, les missionnaires avaient défense de quêter pour eux-mêmes, pour leurs constructions ou pour leurs œuvres ; on leur demandait de se restreindre à un petit nombre et de ne pas porter, en dehors de leur résidence, le costume arabe. Ce dernier point ne fut jamais pris en considération. Pour modeste qu'il fût, c'était un triomphe :

« Je ne puis, écrivait l'archevêque au ministre des
affaires étrangères, que vous exprimer mes félici-
tations et ma gratitude au double point de vue
des intérêts français et des intérêts catholiques à
Jérusalem, pour avoir triomphé des obstacles qui
cherchaient surtout à tenir en échec l'influence
nationale de l'antique protectrice des Lieux-Saints ».

Pour arranger les choses, l'archevêque d'Alger
alla lui-même installer les missionnaires dans la
nouvelle demeure dont on leur avait si âprement
disputé l'accès. A peine arrivé à Jaffa, il vit venir à
lui plusieurs jeunes hommes qui, lui baisant les mains
à la mode orientale, se montraient fiers et heureux
de se dire ses enfants. C'étaient des orphelins de 1860
qu'il avait recueillis et placés dans des institutions
charitables. Devenus hommes, ces pupilles de l'œuvre des Écoles d'Orient gardaient le souvenir de celui
qui les avait arrachés à la mort, et ils venaient
rendre grâces au représentant de la charité française
des bienfaits inlassablement prodigués. Cet accueil
si cordial fit oublier à l'archevêque la correction un
peu froide de celui qu'il reçut à Jérusalem, où il
s'employa très activement à l'installation définitive
de l'œuvre qu'il était venu fonder.

Avant de quitter la ville sainte il laissa aux missionnaires des instructions très détaillées ; après
leur avoir expliqué point par point la teneur de l'accord conclu avec le gouvernement français, il leur
dictait la conduite à suivre envers le patriarche, le
consul, les autres communautés religieuses et les
autorités locales. Il terminait en recommandant à
ses fils de se montrer prudents et surtout charitables
envers tous. Il signalait que cette charité devait se
montrer particulièrement affable envers les schis-

matiques : « Il faut qu'ils sentent qu'on les aime et qu'on désire se rapprocher d'eux. On se gardera donc de témoigner le moindre mépris pour leurs usages, leurs langues, leurs liturgies, que la sainte Église a approuvés et tient pour très légitimes ». Avec une franchise de langage que seuls peuvent donner le zèle apostolique et le culte de la vérité, il s'élève fortement contre la pratique néfaste de la latinisation : « La faute capitale commise par les franciscains et par beaucoup de missionnaires catholiques, c'est d'avoir témoigné aux Orientaux de l'éloignement pour leurs rites et de chercher à les latiniser quand ils ont le bonheur d'entrer dans l'Église. Ce système est déplorable ».

Son séjour en Palestine, ses rapports avec les prélats et les personnages orientaux l'avaient, en effet, persuadé que, pour les chrétiens d'Orient, rites, langue, usages, offices religieux se confondaient non seulement avec la religion, dont ils constituent la manifestation extérieure, mais encore avec la nationalité même. « Vouloir les en détourner, disait-il, c'est meurtrir toutes les fibres de leur foi et c'est aussi avoir l'air de les asservir à quelque action de politique occidentale ; abandonner le rite grec, c'est, pour eux, être apostat à sa religion et en même temps se montrer traître à la patrie ». « Une seule méthode, conclut-il, peut être féconde en Orient, et elle peut se formuler ainsi : « Accepter et respecter chez les Orientaux tout, excepté l'erreur ». La perfection pour les missionnaires latins en Orient serait de s'orientaliser eux-mêmes, d'adopter le costume, la langue, la liturgie du clergé oriental. Alors leur action serait véritablement efficace ».

Il recommandait à ses fils de se préparer à ce ministère futur par l'étude de la langue arabe telle qu'elle est parlée dans le pays, telle qu'elle sert aux liturgies melkite, maronite et syrienne, qui sont celles des chrétientés de Palestine ; et il prévoyait déjà que, s'il venait un jour à se former à Sainte-Anne un séminaire oriental, il faudrait se garder d'en faire passer les élèves au rite latin. « On les initiera à toutes les splendeurs du rite grec, on les fera ordonner par leurs propres évêques, et, ainsi formés, ils rendront à l'Église des services infiniment plus grands ».

De même que la méthode d'apostolat donnée par Mgr Lavigerie à ses missionnaires pour les missions équatoriales devait susciter bien des polémiques, ainsi celle qu'il faisait appliquer à l'apostolat en Syrie allait faire naître de nombreuses et acrimonieuses oppositions.

N'était-ce pas faire la leçon aux autres ordres religieux établis en Palestine depuis longtemps ? Les Franciscains y sont depuis le XIIIe siècle. N'était-ce pas condamner ceux qui agissaient autrement, par erreur ou par nécessité, tel le patriarche latin, qui ne peut avoir de sujets spirituels en ces pays qu'en latinisant les Grecs ?

Ainsi, dès les débuts mêmes de la fondation, avant que la communauté fût complètement installée, le fondateur, dans ses desseins pratiques — car il ne se payait pas de mots et tendait toujours au maximum de réalisation effective —, songeait déjà à transformer l'école française des hautes études bibliques en un séminaire pour les futurs clercs orientaux.

Pendant qu'il envoyait des apôtres donner la vie chrétienne aux populations païennes du centre africain, il ambitionnait d'infuser aux chrétientés mourantes du proche Orient un renouveau de vie, et le berceau de la mère de Dieu devait, entre ses mains, devenir le berceau d'une Église renaissante.

Il y avait quelques mois seulement que les Pères blancs étaient à Sainte-Anne quand on leur proposa d'utiliser leur établissement en y accueillant quelques jeunes Orientaux. Consulté, Mgr Lavigerie répondit aussitôt : « Si ce sont des Orientaux, oui ; mais ne recevez pas de latins, pas même un seul, et sous aucun prétexte. Vous savez ce que je pense du latinisme et de son avenir en Orient ».

Il avait, du reste, fait approuver, par Léon XIII lui-même, la ligne de conduite qu'il imposait si strictement à ses missionnaires et il pouvait leur affirmer que « le pape était aussi ennemi de la latinisation que qui que soit ».

En 1881, le patriarche grec-melkite, Mgr Gregorios, étant venu à Jérusalem, fit visite à Sainte-Anne et s'étonna de voir un tel établissement presque réduit à l'inutilité. « Quels services vous rendriez, dit-il aux Pères, si vous preniez ici quelques enfants pour en faire plus tard soit des prêtres, soit des instituteurs catholiques ».

Il fallait, pour se rendre à ces désirs, faire agréer par le gouvernement français la transformation de l'œuvre. Le fondateur s'en chargea. Après avoir montré au ministre des affaires étrangères le peu de succès à espérer d'un Institut biblique, il lui proposait en ces termes la modification projetée : « Il y aurait grand avantage à établir, dans les locaux ainsi restés disponibles, une école normale d'instituteurs français, choisis de tous les points de l'Orient et destinés à aller fonder des écoles françaises dans leurs pays respectifs. Il n'échappe pas à Votre Excel

lence qu'un Institut de ce genre a une tout autre portée qu'une école et même un collège ordinaire. Dans
ces derniers on n'agit que sur des unités : dans une
école normale, au contraire, le bien, fait à un seul,
se multiplie par des centaines. Il nous serait facile,
je crois, si l'éducation donnée à Sainte-Anne était
gratuite, d'avoir à Jérusalem, qui est le centre religieux de tout l'Orient, l'élite des jeunes gens appartenant aux différents rites chrétiens. Notre œuvre
serait, en effet, singulièrement facilitée par la résolution où je suis de commencer, dans cet établissement,
à réagir contre le système absurde de latinisation, ou,
pour mieux dire, d'italianisation forcée, suivi jusqu'à ce jour par le patriarcat et les franciscains
italiens. Ce système, en inspirant des défiances,
éloigne de nous tout ce qu'il y a de plus intelligent
parmi les chrétiens orientaux. A cet égard mes dispositions sont prises et je suis certain de trouver à
Rome même des alliés très puissants ».

Ainsi présentée comme éminemment apte à
répandre en Orient l'influence française, l'œuvre était
sûre d'obtenir le consentement du gouvernement.
Mais il ne s'agissait pas seulement d'une école normale d'instituteurs laïques : on voulait aussi, et surtout, un séminaire destiné au recrutement du clergé
grec. Comment, pour cette œuvre, obtenir des subsides de l'État ? « Je ne me dissimule pas les difficultés d'une telle entreprise, écrivait Mgr Lavigerie au
ministre. Outre l'opposition que je m'attends à trouver parmi les missionnaires italiens, qui, partout,
font maintenant à l'influence française une guerre
acharnée, il y a lieu de compter avec l'esprit oriental,
qui n'admet aucune œuvre vitale que sous une forme
religieuse. Parler dans ce pays d'institution purement

laïque serait une chose impossible. Aussi donnerai-je
à notre école normale le nom d'école apostolique, et,
comme le clergé tout entier peut se marier et exercer
toutes sortes d'états, rien n'empêcherait que ceux
des instituteurs formés par nous qui le voudraient ne
reçussent plus tard le sacerdoce dans leurs rites respectifs ».

A cette très habile requête le ministre répondit :
« Monseigneur, le zèle patriotique avec lequel les
missionnaires d'Alger ont toujours concouru au développement et à l'accroissement de notre influence,
en propageant l'étude de la langue française, rend,
en effet, vivement désirable le succès de la nouvelle
œuvre qu'ils se proposent d'entreprendre sous les
auspices de Votre Grandeur et je serai heureux de
leur donner, s'il est possible, un témoignage de la
bienveillante sollicitude avec laquelle le gouvernement de la République verrait naître et prospérer un
tel collège ».

Accepté par la France sous un nom de circonstance,
il fallait que le séminaire oriental fût aussi agréé par
le pape avec sa véritable identité.

L'archevêque se rendit à Rome, mais Léon XIII
était souffrant et il ne put traiter directement avec
lui, ce qui fit traîner l'affaire.

Dans un mémoire au cardinal préfet de la Propagande Mgr Lavigerie exposa ses vues et développa
ses plans. Après avoir rappelé qu'il y avait plus de
vingt ans qu'il s'occupait des chrétientés orientales
et que la question qu'il abordait lui était familière,
il constatait qu'un des principaux obstacles au progrès du catholicisme parmi les schismatiques et les
hérétiques orientaux était la frayeur du latinisme, et
il ajoutait : «Pour élever des enfants grecs-melkites

à Jérusalem, d'une façon vraiment utile pour la conversion de l'Orient, il faut les élever dans le rite auquel ils appartiennent et, autant que possible, dans les habitudes mêmes de leur pays ». Et il formulait quatre demandes : autorisation de recevoir à Sainte-Anne des enfants de rite melkite se destinant à devenir prêtres ou instituteurs catholiques ; autorisation de les élever dans leur rite et selon les usages de leur pays ; autorisation de faire célébrer les cérémonies liturgiques, dans l'église Sainte-Anne, selon le rite melkite et par des prêtres de ce rite ; enfin l'autorisation pour ses missionnaires de célébrer eux-mêmes dans ce rite.

C'était une véritable révolution dans les coutumes de la Propagande que proposait là Mgr Lavigerie. L'examen de la requête fut long, minutieux, mais, comme on n'ignorait pas les intentions du pape, les trois premières requêtes furent accordées, et la dernière repoussée.

L'école apostolique de Sainte-Anne s'ouvrit en 1882 avec un programme absolument oriental ; la règle avait reçu l'approbation formelle du Saint-Siège et il fallait y voir la condamnation implicite des latinisants.

Ceux-ci ne se firent pas faute de prophétiser l'échec inévitable d'une telle œuvre : c'était une chimère, généreuse peut-être, mais enfin une chimère de l'archevêque d'Alger, qui prétendait, de si loin, connaître les Orientaux mieux que ceux qui depuis des siècles vivaient et travaillaient au milieu d'eux ; on verrait bien d'ailleurs, à juger de l'arbre par les fruits.

C'est là également que le fondateur attendait ses contradicteurs, dont la confusion fut aussi complète que prompte à venir. Ouvert en 1882 avec vingt élèves, le séminaire en comptait le double l'année suivante, soixante-deux en 1885. Il n'y avait pas de place pour en loger davantage, et les évêques grecs-melkites suppliaient les Pères d'accepter les sujets qu'ils leur présentaient encore. L'œuvre naissante faisait craquer de toutes parts les limites trop étroites qui la resserraient ; il fallut se mettre à construire et à doubler, pour le moins, les bâtiments. De son côté Léon XIII, dans sa constitution *Orientalium*, fit de cette œuvre inspirée par lui un éloge tout spécial, déclarant qu'elle était une de ses plus chères espérances.

Ces espoirs se sont réalisés : au petit séminaire, de plus en plus florissant, est venu se joindre le grand séminaire, d'où sortent chaque année des prêtres pieux, instruits, zélés. Dans leurs diocèses d'origine, ou par une Société de missionnaires apostoliques, uniquement formée d'anciens élèves de Sainte-Anne et dite Société des Paulistes, ils pourvoient de prêtres les paroisses et renouvellent l'esprit catholique là où le contact avec le schisme et l'hérésie avait affaibli la ferveur.

En 1923 cent quinze prêtres et cinq archevêques ou évêques, sortis de cette féconde pépinière, prouvaient, par les fruits de salut qu'ils produisent en Orient, la justesse de vue du prélat français qui voulait assurer aux Églises orientales un renouveau de vie, et à la France une plus grande extension d'influence.

CHAPITRE X

Cardinalat. Mission anti-esclavagiste
1881-1892

Rôle prépondérant de l'archevêque d'Alger dans l'épiscopat français. Difficultés politiques. Promotion au cardinalat Mission anti-esclavagiste. Croisade de prédication. Les pionniers du Sahara.

A Nancy déjà, par l'éclat de son éloquence, la solidité doctrinale de ses écrits, la prudence des directions données à son clergé et à son peuple, l'opportunité pratique des mesures prises au sujet des œuvres de tout genre, Mgr Lavigerie s'était révélé comme un des membres les plus marquants de l'épiscopat français.

Placé sur le siège archiépiscopal d'Alger, il ne tarda point à donner toute sa mesure. L'éclat des œuvres entreprises, les services rendus à l'Église, au gouvernement, à l'Algérie, à l'Afrique tout entière avaient attiré l'attention sur sa puissante personnalité. Effectivement il avait pris une des premières places dans l'Église de France, et ses collègues dans l'épiscopat, reconnaissant la haute valeur théologique de sa doctrine, la sûreté de són coup d'œil, la maturité de son jugement, la prudence de ses enseignements, recouraient volontiers à ses lumières. Que de fois, en de graves circonstances, on avait attendu que l'archevêque d'Alger eût parlé pour accepter sa manière de voir, se ranger à son avis et marcher avec lui dans le sillon que traçait sa main aussi ferme que prudente !

La dignité cardinalice, par laquelle le Saint-Siège reconnaît les services éminents rendus par le clergé à la cause de l'Église, ne pouvait manquer d'être conférée à un prélat aussi marquant.

Mais en France, sous le régime du Concordat, c'était après entente entre le pouvoir civil et la cour romaine que les hautes dignités ecclésiastiques devaient être conférées.

Déjà en 1877, dans les milieux bien informés, on assurait que Léon XIII, qui venait de nommer le premier cardinal américain, verrait avec le plus grand plaisir le gouvernement de la République lui demander la pourpre pour Mgr Lavigerie : on lui fournirait ainsi l'occasion de nommer le premier cardinal africain et de reconnaître les éminents services rendus à l'Eglise.

Le ministre français estimait que cette haute dignité ne pouvait convenir à nul autre mieux qu'à l'archevêque d'Alger, et, bien volontiers, il eût fait à Rome les démarches nécessaires. Mais, à cette époque, le maréchal de Mac-Mahon occupait l'Élysée, et le président de la République n'avait pas oublié les démêlés que le maréchal-gouverneur d'Algérie avait eus avec l'archevêque de la métropole algérienne : systématiquement la candidature fut écartée.

Mgr Lavigerie n'ignorait pas les sentiments du président de la République à son endroit et il écrivait : « Je ne veux pas être discuté par M. et Mme de Mac-Mahon et vous me désobligeriez beaucoup en les mettant à même, eux et leur entourage, de se prononcer sur moi, parce qu'ils le feraient avec prévention ».

Le 30 janvier 1879, le président de la République

donnait sa démission. Le jour même, à 8 heures du soir, l'Assemblée lui donnait comme successeur Jules Grévy; le lendemain, Gambetta était élu président de la Chambre des députés : c'était l'avénement de la République opportuniste et le début de l'anticléricalisme. L'archevêque d'Alger n'était pas homme à laisser fléchir sa conscience devant le nouveau pouvoir, quelque avantage qu'il pût en attendre.

Quelques semaines après, dans un magistral mandement de carême, il signalait les dangers que l'impiété faisait courir à la foi de l'Église, à la paix de l'État et au renom de la France à l'étranger. Écrivant à Mgr Bourret, son ami, il lui disait : « Quant au chapeau que vous me souhaitez pour me garder de notre soleil d'Afrique, le gouvernement actuel me le donnerait tout aussi volontiers que le pape, mais nous sommes dans un temps où il est plus difficile de garder sa tête que d'y mettre des chapeaux ».

Le changement radical d'orientation politique qui suivit la démission du maréchal de Mac-Mahon donna, à maintes reprises, occasion à Mgr Lavigerie de manifester sa fière indépendance de caractère et la prudente circonspection de son esprit : « Autant est odieux un servilisme lâche, écrivait-il encore, autant les provocations inutiles sont coupables... Je sais bien que nous marchons vers des catastrophes, mais je suis d'avis qu'il faut toujours faire tout au monde pour retarder ce moment... On bénéficie ainsi de l'imprévu, qui est un grand facteur dans un temps où personne ne sait, au juste, ce qu'il pense, ni ce qu'il veut, ni ce qu'il dit ».

Au moment même où il semblait que le gouvernement allait se décider à entamer avec Rome les pourparlers en vue de sa promotion au cardinalat, Mgr Lavigerie n'hésita point à élever la voix contre la loi militaire qui était alors en discussion (1880) et qui projetait d'incorporer dans le service armé les clercs et les religieux. Dans un magistral mémoire, fortement documenté, qu'il adressa à la commission du sénat, il montrait le coup funeste que l'application de cette loi à l'Algérie allait porter au recrutement sacerdotal dans la colonie. Se plaçant au point de vue politique et colonial, il disait le danger que courait la colonie à voir le clergé français supplanté par un clergé italien, espagnol ou maltais, que cette loi ne pouvait atteindre, tandis que le recrutement du clergé d'origine française serait nécessairement entravé. Puis, se plaçant au point de vue justice, il faisait remarquer qu'en France les clercs étaient dispensés de deux années de service, tandis qu'en Algérie, où les colons n'étaient astreints qu'à une seule année de présence sous les drapeaux, les clercs assujettis à une année de service militaire ne se trouvaient, en fait, exemptés de rien.

Cette belle protestation se heurta au parti pris des législateurs, et la loi ne prévit aucun avantage en faveur des clercs algériens.

La courageuse démarche de Mgr Lavigerie n'eut pour résultat que de faire ajourner celles projetées en vue de son cardinalat.

Enfin, le 19 mars 1882, quelques semaines après avoir appris que trois de ses fils avaient, à Mareksan, empourpré de leur sang leur blanche robe de missionnaires, le primat d'Afrique reçut avis officiel de son élévation au cardinalat.

Africain de cœur et d'œuvres, le nouveau prince de l'Église désira recevoir à Carthage même les insi-

gnes de sa dignité. Il semblait au premier cardinal
africain que cette pourpre cardinalice qu'on lui
décernait n'était que le glorieux reflet du sang répandu
en ces lieux, quinze siècles auparavant, par les
Cyprien, les Perpétue et les Félicité.

Au milieu des ruines grandioses que son zèle apostolique travaillait à relever, la cérémonie, qui eut
lieu le dimanche de Quasimodo, sept jours après
l'inauguration de la cathédrale (dimanche de Pâques),
revêtit un caractère émouvant et une splendeur peu
commune.

Doyen des archevêques français, sinon par l'âge,
du moins par la promotion, le cardinal fit remarquer
que c'était surtout l'Afrique, seule partie de l'univers
à n'être pas représentée au Sacré-Collège, que le Souverain Pontife appelait à l'honneur. Non sans mélancolie, il prévoyait qu'au milieu de ces ruines cartha-
ginoises, où tout parle si éloquemment de la vanité
des grandeurs humaines, même de celles qui pourraient paraître les plus indestructibles, cette pourpre qu'il recevait ne saurait tarder à devenir son linceul.

Commencée à Carthage, la fête s'acheva à Tunis
au milieu d'un indescriptible enthousiasme popu-
laire. Massée aux abords de la ville, la foule attendait
avec impatience l'archevêque qui avait fait en Tunisie
tant et de si belles choses. Dès que la voiture arriva
au milieu des acclamations et des vivats, elle fut
entourée, couverte de fleurs, dételée et traînée
triomphalement jusqu'à l'église. Le cardinal était
si ému qu'il put à peine trouver quelques mots pour
son peuple qui lui témoignait tant d'affection. Le
soir, la ville s'illumina, et de loin on apercevait, sur
la colline de Byrsa, la coupole de la cathédrale qui
brillait comme un phare.

La fin de cette journée, si belle pour le cardinal, la France et l'Église, fut marquée par une plaisante aventure que Mgr Lavigerie aimait à conter pour souligner les soudains revers des grandeurs humaines.

Il rentrait de Tunis à Carthage, accompagné de Mgr Dusserre, son coadjuteur pour Alger, et de Mgr Combes, évêque de Constantine ; déjà ils avaient fait sans encombre la moitié des quinze kilomètres qui séparent ces deux localités. Le cocher, qui avait sans doute copieusement pris part à la fête, fut trompé par l'obscurité et s'engagea dans un mauvais chemin ; les jours précédents, d'abondantes pluies avaient détrempé les champs et la voiture s'embourba jusqu'aux essieux dans une véritable fondrière. Après avoir perdu son chemin, le pauvre cocher perdit la tête ; il fallut se rendre à l'évidence et reconnaître que, sans aide, il ne se tirerait point de ce mauvais pas. En grande tenue prélatice, en pleine nuit et sous une pluie battante, le cardinal et les deux évêques durent descendre dans la boue et se mirent à pousser à la roue. Malgré toutes les tentatives, on n'en vint pas à bout : laissant là chevaux, voiture et cocher, les prélats reprirent seuls, à pied et sous la pluie, le chemin de Tunis, où ils arrivèrent dans l'état que l'on devine.

Le cardinal se rendit à Paris pour recevoir à l'Élysée la barrette, que lui remit le président Grévy. « Chaque fois, lui assura à cette occasion le chef du gouvernement, que les évêques de France viendront à la République avec les sentiments et le langage que le cardinal d'Alger a toujours manifestés, ils sont assurés d'y recevoir le plus bienveillant accueil ».

Ce fut au consistoire du 3 juillet que le pape Léon XIII imposa le chapeau au cardinal Lavigerie et lui désigna comme titre cardinalice celui de Sainte-Agnès hors les murs.

La dignité qui couronnait dignement une vie déjà si pleine d'œuvres sembla donner au cardinal un renouveau de vie et d'activité. Tunis et Carthage, Alger et Jérusalem, la Kabylie et le Sahara, le Soudan et l'Afrique équatoriale étaient le vaste champ ouvert à son zèle apostolique. C'est le développement même de ces œuvres d'apostolat qui allait lui faire confier par le pape une mission nouvelle où le rude athlète dépenserait au service de Dieu et des âmes le reste de ses forces.

Depuis que ses missionnaires étaient en contact permanent, au Sahara, et surtout au centre africain, avec les populations indigènes, ils avaient, à maintes reprises, constaté et signalé les horreurs qu'entraînait le cruel et honteux trafic de créatures humaines pratiqué par les Arabes esclavagistes.

Les rapports nombreux et détaillés que le fondateur recevait de ses missionnaires étaient pleins du récit des révoltantes cruautés commises dans ces chasses à l'homme qui dépeuplaient des pays entiers après les avoir ravagés.

Saint Cyprien faisait vendre jusqu'aux vases sacrés de son église pour racheter les captifs. Son successeur estima qu'il était de son devoir d'évêque, de primat d'Afrique, de chef des missions équatoriales, de saisir l'opinion mondiale et de signaler à la vindicte publique les épouvantables agissements des chasseurs d'esclaves.

Déjà, quelques années auparavant, Stanley, Livingstone, Cameron et tous les explorateurs qui les suivirent avaient avec horreur signalé au monde civilisé les excès commis en Afrique par les esclavagistes. On s'émut quelque peu, et le Congrès de Berlin (1884) décida qu'on agirait de concert pour porter remède à ces horreurs. Mais il y a loin des résolutions d'un congrès politique à leur exécution. Malgré les mesures préconisées, auxquelles, malheureusement, toutes les nations européennes n'avaient pas souscrit, la chasse à l'homme continua.

Bien plus, les Arabes esclavagistes, au courant des mesures projetées, étaient stimulés par l'idée que leur trafic allait bientôt être prohibé, et ils voulaient jouir de leur reste ; jamais, peut-être, la chasse à l'homme n'avait été menée avec une telle ardeur et une telle cruauté.

Les missionnaires signalaient au cardinal les immenses ravages causés sur les bords des grands lacs par les bandes du fameux Tippo-Tip, de Kampa et de Mohamed-ben-Relfan. A la tête de troupes d'Arabes bien armés de fusils, ils arrivaient sournoisement, cernaient un ou deux villages, et, la nuit venue, tombaient à l'improviste sur les indigènes sans défense et sans défiance. Impossible de fuir, inutile de résister : ceux qui ne se rendaient pas immédiatement étaient massacrés ; les autres, étroitement garottés, chargés comme des bêtes de somme, roués de coups, étaient acheminés par bandes vers les marchés où il étaient vendus comme du vil bétail.

Et de quelles horreurs étaient marqués ces lamentables voyages ! Enchaînés les uns aux autres, les prisonniers étaient étroitement surveillés. Si, en cours de route, quelque femme était retardée dans sa marche par l'enfant qu'elle portait avec elle, sous les yeux de tous et malgré ses cris déchirants on lui arrachait des bras le pauvre petit, dont on brisait la tête contre une pierre ou un arbre, et le cadavre,

tout pantelant, était jeté sur le chemin ; et le meur-
trier de crier durement à la mère : « Allons ! ouste !
marche ; maintenant ton chargement sera moins
lourd ». On comptait sur ces exemples terrifiants pour
électriser le lamentable troupeau ; tout malade, tout
écloppé qui retardait la marche était impitoyablement massacré. Stanley, peu suspect d'exagération
dans la pitié, assure que, lorsque le voyage était long,
sur cent captifs il en arrivait à peine cinq au marché :
les autres jalonnaient les routes de leurs cadavres.
Et Cameron parle avec épouvante des sombres
routes des caravanes qu'on pouvait reconnaître aux
squelettes qui en jonchaient la longueur.

Livingstone appelait de tous ses vœux celui qui
viendrait mettre fin à cette honte de l'humanité ; il
estimait à quatre cent mille, au bas mot, les victimes
annuelles de cet abominable trafic de créatures
humaines.

En 1888, de concert avec Léon XIII, qui était le
promoteur du mouvement, Don Pedro, empereur du
Brésil, se préparait à décréter l'émancipation des
esclaves qui, en grand nombre, étaient employés
dans les cultures de café et de canne à sucre. C'était
la fermeture d'un des débouchés principaux du com-
merce des esclaves. Le Souverain Pontife se proposait
d'adresser au clergé et aux populations de ce vaste
empire une encyclique propre à hâter l'accomplissement de ce grand et humanitaire dessein.

Le cardinal Lavigerie profita de l'occasion pour
suggérer au Saint-Père un dessein plus vaste encore :
« Très Saint-Père, lui dit-il, ce n'est pas seulement au
Brésil qu'existe l'esclavage, c'est surtout en Afrique,
où il conserve toutes ses horreurs. La traite maritime
a été supprimée, il est vrai, mais la traite par terre

existe toujours, accrue même par la suppression de l'autre, et avec des caractères plus abominables encore ».

Léon XIII saisit avec empressement l'occasion qui s'offrait ainsi de dénoncer au monde entier l'horrible plaie de l'esclavagisme et de suggérer des remèdes appropriés à la violence du mal. Son encyclique *In plurimis*, de mai 1888, est un long cri d'appel à la pitié, à la justice et à l'humanité.

Mais le Souverain Pontife avait résolu de faire mieux encore : il voulait créer et entretenir un mouvement permanent d'opinion, d'action, qui s'opposât par tous les moyens possibles à la traite des nègres dont il venait de dénoncer solennellement toutes les horreurs au monde entier stupéfait.

Le 24 mai, dans la grande salle ducale du palais du Vatican, alors que le cardinal Lavigerie venait de lui présenter les prémices des chrétientés centre-africaines, douze jeunes nègres rachetés sur les marchés de Tabora, arrachés à la mort par les Pères blancs, qui les avaient ensuite instruits et baptisés, le Souverain Pontife, répondant à l'adresse du primat d'Afrique, le chargea de promouvoir avec une nouvelle vigueur les œuvres de salut qu'il venait de fonder. « Nous savons, lui dit-il, tout ce que vous avez fait jusqu'à ce jour et nous avons la confiance que vous ne vous lasserez pas avant d'avoir mené à bonne fin ces grandes entreprises ».

Les désirs du pape sont des ordres : le cardinal s'inclina. Léon XIII comptait sur lui : il serait obéi. Le lendemain même de ce jour mémorable, le cardinal écrivait à un ami : « C'est la cause même de l'humanité, de la liberté chrétienne, de la justice qui nous est ainsi remise, au nom de Dieu même, par son vicaire. Je ne vous étonnerai donc pas si je vous dis que je laisse, pour un temps, tout de côté jusqu'à ce que j'aie organisé une telle croisade. Au lieu de retourner en Afrique, c'est à Paris que je vais venir, non pas pour des quêtes ordinaires, mais pour dire enfin ce que je sais des crimes sans nom qui désolent l'intérieur de notre Afrique et pour jeter ensuite un grand cri, un de ces cris qui remuent jusqu'au fond de l'âme tout ce qui, dans le monde, est encore digne du nom d'homme et de chrétien ».

Nouveau Pierre l'Ermite, il allait, à travers la France et les principales villes d'Europe, prêcher la croisade anti-esclavagiste et faire naître un mouvement d'opinion tel qu'en peu de temps les désirs du Souverain Pontife et les espoirs les plus vivaces de son interprète allaient se trouver réalisés.

Le cardinal avait déclaré que, pour obéir au pape, il prêcherait sa croisade partout où il trouverait une chaise ou une tribune où porter la parole, un peuple pour l'entendre. Pendant deux ans, infatigable, il parcourut la France, l'Angleterre, la Belgique, la Hollande, l'Allemagne, la Suisse, l'Italie. Partout il émouvait les cœurs par le récit simple et pathétique des faits dont sa mémoire et son cœur étaient pleins ; sans peine ses appels déchirants atteignaient à la plus poignante éloquence, car cette cause dont il se faisait l'apôtre n'avait pas besoin d'avocats : il suffisait qu'elle eût des juges. Sous l'influence de son ardente parole l'opinion publique se passionnait pour cette grande cause ; la presse de tous les pays s'empara du sujet et donna au cardinal un appui chaleureux.

Un des journaux alors les plus anticléricaux, *le Matin*, inséra des articles sensationnels en faveur du mouvement : « Je comprends les ravisseurs, je comprends les tigres. Mais ce que je ne comprends pas, ce sont les civilisés qui ont tant crié et agi contre la traite maritime et qui laissent en paix celle-ci. Le cardinal Lavigerie a entrepris de les faire rougir... Qu'un vieil évêque âgé de plus de soixante ans fasse autant et plus que tous les rois et tous les gouvernements avec tous leurs milliards et leurs armées, vrai Dieu ! c'est un miracle ! »

Le prédicateur ne se contentait pas d'émouvoir, de mettre en mouvement : il fallait organiser et faire durer. Pour ne pas susciter de conflits entre les divers intérêts et les divergences de vues politiques qui devaient nécessairement se rencontrer entre les diverses nations ayant assumé des protectorats dans les contrées africaines, l'œuvre anti-esclavagiste fut constituée par nationalités distinctes avec des conseils directeurs indépendants les uns des autres.

Paris, Bruxelles, Londres, La Haye, Berlin, Berne, Lisbonne, Madrid, Rome eurent bientôt leur comité anti-esclavagiste, et le mouvement universel d'opinion que soulevait l'ardente parole du prédicateur entraîna les gouvernements eux-mêmes ; à la suite de notes échangées entre le prince de Bismarck et Lord Salisbury, l'Angleterre et l'Allemagne s'accordèrent pour bloquer efficacement les côtes de l'Afrique orientale et fermer tout débouché aux marchés d'esclaves.

Enfin, couronnement de l'œuvre si bien mise en train, le Souverain Pontife voulait réunir un congrès international pour l'étude d'une action commune et efficace contre l'esclavage.

Cependant la politique haineuse de Crispi veillait et mit tout en œuvre pour faire échouer ces projets si glorieux pour le Vatican. Stipendiés par le ministre, les journaux avancés de la péninsule déversèrent plus ou moins habilement l'injure et la calomnie sur le prélat français dont la présence à Tunis avait été et était encore si nuisible à l'Italie. Bien qu'il fût, de longue date, habitué à l'opposition italienne, cette campagne de presse irrita le cardinal, qui ne put s'empêcher d'écrire à un ami : « Décidément les journaux libéraux de Rome sont une véritable artillerie de l'enfer ; il n'y a rien d'aussi méchant, mauvais et menteur dans toute l'Europe ».

Le congrès projeté devait se tenir à Lucerne ; déjà tout était prêt pour recevoir les congressistes, qui s'annonçaient nombreux et de haute valeur. Le cardinal était sur place, mettant la dernière main à l'organisation de ces assises solennelles de la charité chrétienne et du zèle apostolique, quand, tout à coup, une nouvelle sensationnelle parut dans les journaux : le cardinal lui-même ajournait *sine die* le congrès laborieusement préparé. La raison de cette mesure était celle-ci : la France ne semblait pas devoir être représentée au congrès aussi dignement qu'il aurait fallu ; elle qui avait pris l'initiative de l'œuvre n'y envoyait qu'un nombre restreint de délégués, alors que l'Allemagne, l'Angleterre, la Belgique, l'Italie y étaient représentées par un nombre imposant de leurs plus notables personnalités politiques ; à cause de cette seule disproportion il y avait tout lieu de croire que le congrès n'aboutirait pas au but de sereine et impartiale philanthropie qu'on se proposait d'atteindre.

« De plus, ajoutait le cardinal, je suis tombé malade, ma voix s'est couverte : il m'aurait été impossible de diriger les discussions d'un congrès d'une issue si problématique ; car vous le savez, il faut, pour diriger de telles assemblées, plus de poumons que de raison ».

La politique, en s'y infiltrant, avait gâté un mouvement qui s'était montré si beau et si généreux tant que la charité seule l'avait inspiré. Cet échec d'une œuvre à laquelle il s'était donné avec tant d'ardeur fut très sensible au cardinal.

Cette campagne anti-esclavagiste lui avait fourni l'occasion de tenter une fondation fort originale, dont on a beaucoup parlé et qui cependant n'eut qu'une bien éphémère durée.

Soulevés par l'enthousiasme qu'allumait dans les cœurs l'ardente parole de l'apôtre, nombre d'anciens zouaves pontificaux étaient venus mettre à la disposition du cardinal une épée et une ardeur que le malheur des temps ne leur permettait plus de maintenir au service du Souverain Pontife. Puisque les chasseurs d'hommes abusaient de leur force pour accomplir leur infâme besogne, ne pourrait-on par leur opposer la force ? Ç'aurait été, pour la répression du plus éhonté des brigandages, l'institution d'une gendarmerie sacrée. De fort nombreuses offres de service furent ainsi faites au cardinal, qui en agréa un certain nombre. Ces Pionniers du Sahara, casqués comme des guerriers, vêtus de blanc comme des moines, portant sur la poitrine la croix rouge comme les croisés de saint Louis, semblaient être les survivants des antiques ordres militaires créés par l'Église à Malte, Rhodes ou en Terre-Sainte, pour purger les mers de leurs pirates et les campagnes de leurs brigands.

Cette dernière création du fécond cardinal suscita de nombreuses et véhémentes critiques. Les uns affectèrent d'en rire et de faire tomber sous le ridicule ces « condottieri du général-cardinal Lavigerie » ; d'au-

tres y virent du prosélytisme par les armes et dénoncèrent ce nouveau brandon de discorde que le prélat
introduisait en pays islamiques. Le gouvernement
ne put voir se former en territoire français une
force armée indépendante qui échapperait à son
contrôle : il exigea le licenciement des Pionniers du
Sahara ; ils étaient loin, d'ailleurs, d'atteindre le
chiffre que la renommée leur attribuait.

CHAPITRE XI

Action politique du Cardinal. Le ralliement
1890

Initiation aux affaires politiques. Son ralliement personnel.
Positions et luttes des partis en France Enseignements
pontificaux. Le toast (12 novembre 1890). Comment il fut
accueilli. Encyclique *Inter immensas*.

Ancien professeur d'histoire à la Sorbonne, Mgr
Lavigerie avait été, par ses études d'abord, puis par
les différentes charges qu'il avait eu à remplir,
initié de bonne heure à tous les dessous de la politique, non seulement française, mais européenne.

Le Comité central des Écoles d'Orient était composé des plus remarquables personnalités politiques,
au contact desquelles le jeune directeur avait eu vite
fait d'acquérir le « sens politique ». Sa mission en
Orient lui avait permis de constater les efforts faits
par les nations européennes pour attirer les populations orientales dans leur sphère d'influence. Son
passage à l'auditorat de Rote lui permit d'étudier
le maniement des affaires auprès des Congrégations
romaines, les rapports de l'Église et des États, les
menées des partis politiques qui s'agitaient autour
du Vatican. De cet observatoire mondial il avait pu
se faire une idée juste des constellations qui bril-
laient au ciel de la politique française, d'en étudier
la marche et d'en prévoir les évolutions.

A Nancy, bien que nommé par l'empereur, il ne
se considéra pas comme un fonctionnaire impérial,

mais comme l'évêque et le père de tous, quelles que fussent leurs opinions politiques ; à l'occasion des élections de 1864, il écrivait à son clergé : « Je vous demande de ne jamais mettre votre ministère ni l'autorité propre qu'il vous donne au service des intérêts de parti. Il ne faut pas que nous puissions jamais voir désigner notre place dans les rangs des vainqueurs ou dans ceux des vaincus de nos débats politiques ».

Il voulait que le clergé n'eût d'autre drapeau que celui de Dieu et de son Église, ni d'autre devise que celle qu'il avait prise lui-même : « Charité ».

En Algérie l'archevêque se heurta, nous l'avons constaté, à un état de choses contre lequel il réagit immédiatement parce que cela paralysait le plus sacré de ses devoirs. L'idée directrice du gouvernement était de faire de notre conquête algérienne un royaume arabe dans l'empire français. On voulait maintenir côte à côte, sans aucune assimilation, d'une part les colons français, d'autre part les indigènes musulmans, auprès desquels tout apostolat était sévèrement défendu. L'évêque revendiqua, pour lui et son clergé, la liberté que les Turcs eux-mêmes laissent au christianisme dans les régions où règne le croissant. Les autorités s'émurent, l'opinion publique fut saisie, l'empereur même dut intervenir, et finalement l'archevêque obtint gain de cause.

Après la guerre de 1870 il y eut en France un mouvement marqué vers la monarchie. La Commune avait, par ses excès, fait bien mal augurer de la république ; beaucoup de partisans de l'ordre, qui désiraient le prompt relèvement de la patrie vaincue et mutilée, étaient persuadés que le retour à la monarchie serait un gage assuré de résurrection nationale.

L'archevêque d'Alger, ardent patriote, le crut également, et, comme chez lui l'action suivait toujours l'idée, il essaya d'agir sur le comte de Chambord. Quand il eut constaté, et cela fut vite fait, que, par suite de fautes et de maladresses accumulées, le mouvement monarchiste ne réussirait pas, et qu'au contraire la république s'installait et qu'elle menait le pays à un relèvement si rapide qu'il étonnait le monde entier, il abandonna complètement ses espoirs royalistes, accepta sincèrement le fait accompli et se tourna résolument vers la république.

Que donnait-elle, cette république, aux catholiques ?

Depuis le 30 janvier 1879 le mot d'ordre de Gambetta : « Le cléricalisme, voilà l'ennemi » (4 mai 1877) était mis à exécution ; l'Église de France avait, comme l'Église d'Allemagne, son Kulturkampf ; comme les catholiques allemands, les catholiques français se trouvaient aux prises avec une politique dont le but avoué chez les uns, masqué chez les autres, était d'enlever aux masses leurs croyances religieuses.

Attaquer d'abord le cléricalisme sur le terrain de l'enseignement fut une preuve de clairvoyance : l'opinion demandait alors des réformes en matière d'instruction ; le prétexte de rénover l'enseignement public cadrait avec les idées du jour et était heureusement choisi pour ruiner l'influence de l'Église dans la formation des esprits. De là la loi du 18 mars 1879 (les Facultés catholiques ne peuvent plus conférer les grades) avec son article 7 : les congrégations non autorisées sont exclues de l'enseignement ; la loi du 27 février 1880, éliminant les évêques du Conseil supérieur de l'Instruction publique ; les décrets du

29 mars 1880 contre les congrégations ; les lois du 16 juin 1881 (gratuité de l'école, dont les dépenses seront à la charge de l'État), du 28 mars 1882 (enseignement obligatoire et neutre), le tout codifié par la loi organique du 30 octobre 1886 (laïcité du personnel enseignant public).

Parmi les défenseurs les plus ardents des libertés de l'Église certains voulaient défendre la religion, mais surtout renverser le régime politique que la France venait d'adopter.

Plusieurs évêques, et non des moindres, déplorant l'ingérence des partis politiques dans les questions religieuses, déjà brûlantes par elles-mêmes, essayèrent d'amener une détente. Ne pourrait-on négocier avec Rome pour obtenir un « modus vivendi » qui sauvegarderait les droits imprescriptibles de l'Église tout en faisant au gouvernement les concessions jugées indispensables ? Il y avait dans l'histoire des précédents de ce genre.

On pensa que la présence permanente à Rome d'un prélat français influent, apprécié au Vatican et à l'Élysée, rendrait à l'Église et à la France de signalés services, et les gens compétents estimaient que Mgr Lavigerie était tout désigné pour cette mission délicate. Ç'aurait été le cardinalat à brève échéance.

Le projet n'aboutit pas. L'archevêque d'Alger se rendit cependant à Rome, où il eut avec Léon XIII une longue entrevue. Le Saint-Père était bien renseigné ; déjà son opinion était faite. Au sortir de l'audience le prélat résuma par écrit l'impression qui s'en dégageait. Ses idées personnelles étaient en parfait accord avec celles du Pontife suprême ; on pouvait les résumer en ces deux phrases : Ne pas pousser les choses à l'extrême ; tant qu'il sera possible, ne pas rompre ouvertement avec le gouvernement.

A la suite des violentes expulsions auxquelles, de juin à décembre 1880, en exécution des décrets du 29 mars, procédèrent la police et la force armée contre les congrégations, l'opinion publique fut surrexcitée au plus haut point et en maints endroits il y eut des bagarres.

A cette occasion, l'archevêque d'Alger exposa au Saint-Père la situation dans un rapport magistral, où il fit preuve d'une force et d'une franchise peu communes. « Tout en ayant si cruellement raison de nous plaindre, disait-il, nous avons trouvé moyen de nous donner un tort grave, eu égard à l'opinion qui domine en France, celle qui ne veut pas que le clergé se mêle aux luttes de la politique ». Constatant, avec preuves à l'appui, que les défenseurs, non pas les plus efficaces, mais les plus bruyants, des congrégations religieuses étaient les tenants les plus notoires du parti monarchique, il montrait que trop souvent ce qu'on voulait dans les manifestations c'était jeter le discrédit sur le régime actuel et susciter un mouvement en faveur de la monarchie. Il constatait, avec énergie, l'inanité de ces efforts : « Le triomphe du parti royaliste en France dans un avenir rapproché, disait-il, est aussi probable que la chute des étoiles ». Il terminait cet important manifeste en déplorant de toutes ses forces que les intérêts de l'Église et des âmes fussent si gravement menacés parce qu'on s'entêtait à vouloir conserver des alliances politiques fâcheusement contractées.

L'auteur de ce rapport pouvait s'exprimer avec d'autant plus de franchise et de liberté qu'il se savait d'accord avec la plupart de ses vénérés collègues dans l'épiscopat, dont quelques-uns avaient fait à Rome des communications du même genre.

Léon XIII se décida à agir par l'entremise du nonce et de l'archevêque d'Alger. Il prit langue avec le gouvernement, et les choses allaient enfin s'arranger quand une grave indiscrétion, venue d'on ne sait qui, livrant à la publicité le secret des négociations, souleva une tempête qui brouilla tout.

Craignant pour leurs portefeuilles, les ministres non seulement nièrent tout, mais se montrèrent les plus intransigeants à poursuivre l'application sévère des décrets. Ils voulaient se laver devant l'opinion du reproche que leur lançait Paul Bert « d'avoir trempé dans les négociations tortueuses engagées pour obtenir les indulgences du Saint-Siège ».

Tout était à recommencer.

De Biskra, où il était allé se reposer, Mgr Lavigerie essaya de renouer les fils brisés, de reprendre contact avec la Direction des cultes. Il envoya (1880) un rapport confidentiel dont nous pouvons relever cette conclusion en trois points nets : « Reconnaissance formelle et adhésion avec soumission et respect aux institutions actuelles du pays, c'est-à-dire aux institutions républicaines ; répudiation de toute alliance avec les partis hostiles au gouvernement ; résolution de se renfermer dans le domaine des œuvres religieuses et de ne pas s'occuper de politique ».

C'était toute la doctrine du ralliement : ce sont les pensées et même les expressions du fameux toast d'Alger de 1890.

Grâce à l'influence personnelle de Mgr Lavigerie, alors qu'on les expulsait partout en France, les religieux, en Algérie, bénéficièrent du *statu quo*. C'est l'avantage que le prélat aurait voulu pouvoir leur assurer dans la métropole.

Le pape, qui suivait avec persévérance la ligne de conduite qu'il s'était imposée et qu'il souhaitait faire suivre à l'Église de France, profitait de toutes les occasions, choix de nouveaux évêques, visites *ad limina*, pour recommander aux prélats français le ralliement, et il exhortait tout le monde, évêques et fidèles, à placer toujours les intérêts de l'Église au-dessus de tous les autres.

La promotion, à cette époque, de l'archevêque d'Alger au cardinalat (19 mars 1882) montrait que le pape, en lui conférant cette haute dignité, appréciait les services signalés rendus à l'Église et à la France par celui qui s'était déjà si souvent montré le fidèle interprète de ses pensées.

Par son Encyclique *Nobilissima Gallorum gens*, du 2 février 1884, Léon XIII lui-même disait solennellement à la nation française que « l'union de l'Église et de l'État était nécessaire et que ceux qui, de part et d'autre, cherchaient à rompre ce lien, commettaient une faute grave ».

L'archevêque d'Alger et ses suffragants remercièrent, par une lettre collective confidentielle, le Saint-Père des sages et opportuns conseils qu'il venait de donner aux Français, évêques, prêtres et laïques, et ils suppliaient Sa Sainteté de continuer de donner à tous la direction d'où pouvait sortir le salut.

L'année suivante, le pape, frappé de la persistance des dissensions intestines parmi les catholiques, fit paraître l'Encyclique *Immortale Dei* (10 novembre 1885) où il précisait les rapports de l'Église et de l'État. D'une façon magistrale, à son ordinaire, il rappelait les principes fondamentaux de la société. D'abord l'autorité prenant son origine en Dieu, qui ne l'a inféodée à aucune forme politique, œuvre des hommes, et indépendante de ces contingences humaines. Puis il rappelait que la société politique, quelque forme qu'elle revête, doit, sous peine de faillir à son premier devoir, rendre hommage, par un culte public, à Dieu son auteur qui a constitué l'Église : « Il y a donc, disait le pontife, dans tout pays, deux puissances également nécessaires et indépendantes parce que leur but est différent : la puissance civile et la puissance ecclésiastique, et des rapports d'harmonieuse concorde doivent régner entre elles ». Et le pape concluait en invitant les catholiques à prendre part au gouvernement de la nation et à faire taire leurs querelles intestines : « Dans une lutte où les plus grands intérêts sont en jeu il ne faut laisser aucune place aux dissensions ou à l'esprit de parti ; mais, dans un accord unanime des esprits et des cœurs, tous doivent poursuivre le but commun, qui est de sauvegarder les intérêts de l'Église et de la société ».

Les enseignements si clairs de cet esprit lucide furent obscurcis par les commentaires que d'aucuns crurent devoir donner pour les faire comprendre des fidèles, de telle sorte que les directives pontificales n'étaient pas suivies comme il aurait fallu. Le pape en gémissait, se plaignant que les ennemis de l'Église comprissent mieux que les fidèles la véritable portée de ses enseignements.

Les élections de 1889 envoyèrent à la Chambre une fraction assez considérable de républicains modérés. Le président Carnot, le président du Conseil, les ministres estimaient, eux aussi, qu'il fallait faire trêve aux fâcheuses dissensions qui déchiraient la France, et l'on inclinait, en haut lieu, à des mesures de bienveillance et de conciliation. L'heure de l'apaisement allait-elle sonner ?

De Rome Léon XIII surveillait avec joie tous ces heureux symptômes qui répondaient à ses plus chers désirs et qui étaient aussi les résultats de son action.

Le 10 janvier 1890, dans une nouvelle encyclique, *Sapientiæ christianæ,* le pape enseignait à nouveau que l'Église n'était opposée à aucune forme de gouvernement et que vouloir l'attirer à un parti quelconque, c'était abuser de la religion.

Ce document fit sensation en France : un mouvement se dessina dans le sens que Léon XIII indiquait.

Attentif à ce mouvement qu'il attendait, qu'il désirait depuis longtemps, et auquel nul, en France, n'avait travaillé autant que lui, le cardinal pressait le Souverain Pontife d'agir plus efficacement par un coup décisif ; de nombreux évêques de la métropole joignaient leurs instances aux siennes.

Léon XIII n'avait plus besoin d'être poussé : il était décidé depuis longtemps, il attendait le moment favorable.

Quand il crut ce moment arrivé, le pape chercha un personnage ecclésiastique assez en vue pour être son porte-parole et dont l'autorité personnelle contribuerait à faire agréer les enseignements qu'il voulait faire accepter. Quel serait l'évêque de la métropole qui se chargerait d'assumer cette tâche difficile ? Il en sonda plusieurs ; tous se dérobèrent. Le cardinal Place conseilla au pape de confier cette mission au cardinal Lavigerie. Etait-ce bien nécessaire d'insister beaucoup en ce sens auprès de Léon XIII ? Il savait la parfaite concordance de leurs vues ; il connaissait le zèle du prélat pour la gloire de Dieu, le triomphe de l'Église et la paix de la France :

il n'ignorait pas non plus le dévouement au Saint-Siège et l'obéissance du primat d'Afrique au successeur de Pierre.

L'archevêque d'Alger était précisément à Rome en octobre 1890 : il venait rendre compte au pape de sa croisade anti-esclavagiste et lui présenter Mgr Livinhac, récemment promu aux fonctions de supérieur de la Société des missionnaires d'Alger. Il eut, du 10 au 14 octobre, toute une série d'entrevues avec Léon XIII. C'est là qu'après lui avoir bien développé ses pensées, ses intentions, ses désirs, le pape demanda au prélat de les manifester clairement et sans ambages aux catholiques de France. Le cardinal, qui de longue date jouissait de l'affectueuse confiance du Souverain Pontife et qui en était un conseiller aussi fréquemment consulté que favorablement écouté, ne fut pas, ne pouvait pas être pris au dépourvu.

Mais c'était une mission périlleuse ; les déclarations demandées allaient soulever de rudes tempêtes, et, chargé, comme il l'était, d'œuvres nombreuses soutenues uniquement par les catholiques de France, le cardinal devait se demander si son obéissance n'allait pas causer la ruine de ces œuvres.

Il en parla à ses missionnaires présents à Rome. Mgr Livinhac répondit : « Si le pape le désire, il faut lui obéir ».

L'archevêque accepta.

Le 27 octobre il était de retour à Alger, préoccupé de la façon dont il allait, comme il en avait reçu la consigne, « briser les vitres avec les anciens partis ».

Il n'était pas homme à temporiser, et, comme la promptitude dans l'exécution est une des qualités de l'obéissance, il ne fut pas long à faire naître l'occasion.

Dans les premiers jours de novembre l'amiral Duperré, commandant l'escadre de la Méditerranée, était arrivé à Alger ; de grandes fêtes furent préparées en son honneur ; le 12, le cardinal offrit, dans sa résidence archiépiscopale de Saint-Eugène, un déjeuner à l'État-major de l'escadre ainsi qu'aux principaux chefs de l'armée et des administrations civiles de l'Algérie.

A la fin du repas il se leva ; d'un ton calme, digne, grave, il porta le toast suivant :

« Messieurs,

« Permettez-moi, avant de nous séparer, de boire à la marine française, si noblement représentée aujourd'hui au milieu de nous.

« Notre marine rappelle à l'Algérie des souvenirs glorieux et chers. Elle a contribué, dès le premier jour, à sa conquête ; et le nom du chef éminent qui commande actuellement l'escadre de la Méditerranée semble lui ramener comme un lointain écho de ses premiers chants de victoire.

« Je suis heureux, Monsieur l'Amiral, en l'absence de notre gouverneur retenu loin de nous, d'avoir pu vous faire ici comme une couronne d'honneur de tous ceux qui représentent en Algérie l'autorité de la France, les chefs de notre vaillante armée, de notre administration et de notre magistrature.

« Ce qui me touche surtout, c'est qu'ils soient tous venus à cette table sur l'invitation du vieil archevêque qui a, comme eux, pour mieux servir la France, fait de l'Afrique sa seconde patrie. Plaise à Dieu que le même spectacle se reproduise dans notre France, et que l'union qui se montre ici parmi nous, en présence de l'étranger qui nous entoure, règne bientôt entre tous les fils de la mère-patrie !

« L'union en présence de ce passé qui saigne encore, de l'avenir qui menace toujours, est en ce moment, en effet, notre besoin suprême ; l'union est aussi, laissez-moi vous le dire, le premier vœu de l'Église et de tous ses pasteurs à tous les degrés de la hiérarchie. Sans doute elle ne nous demande de renoncer ni au souvenir des gloires du passé, ni aux sentiments de fidélité et de reconnaissance qui honorent tous les hommes. Mais lorsque la volonté d'un peuple s'est nettement affirmée ; que la forme d'un gouvernement n'a rien en soi de contraire, comme le proclamait dernièrement Léon XIII, aux principes qui seuls peuvent faire les nations chrétiennes et civilisées ; lorsqu'il faut, pour arracher son pays aux abîmes qui le menacent, l'adhésion sans arrière-pensée à cette forme de gouvernement, le moment vient de déclarer enfin l'épreuve faite, et, pour mettre un terme à nos divisions, de sacrifier tout ce que la conscience et l'honneur permettent, ordonnent à chacun de nous de sacrifier pour le salut de la patrie.

« C'est ce que j'enseigne autour de moi ; c'est ce que je souhaite de voir enseigner en France par tout notre clergé, et, en parlant ainsi, je suis certain de n'être point désavoué par aucune voix autorisée.

« En dehors de cette résignation, de cette acceptation patriotique, rien n'est possible, en effet, ni pour conserver l'ordre et la paix, ni pour sauver le monde du péril social, ni pour sauver le culte même dont nous sommes les ministres.

« Ce serait folie d'espérer soutenir les colonnes d'un édifice sans entrer dans l'édifice lui-même, ne serait-ce que pour empêcher ceux qui voudraient tout détruire d'accomplir leur œuvre de folie, surtout de l'assiéger du dehors, comme le font encore quelques-uns malgré des hontes récentes, donnant aux ennemis qui nous observent le spectacle de nos ambitions ou de nos haines, et jetant dans le cœur de la France le découragement, précurseur des dernières catastrophes.

« La marine française nous a, de même que l'armée, donné cet exemple. Quels que fussent les sentiments de chacun de ses membres, elle n'a jamais admis qu'elle dût ni rompre avec ses traditions antiques, ni se séparer du drapeau de la patrie, quelle que soit la forme, d'ailleurs régulière, du gouvernement qu'abrite ce drapeau.

« Voilà une des causes pour lesquelles la marine française est restée forte et respectée, même aux plus mauvais jours, pourquoi elle peut porter son drapeau comme un symbole d'honneur partout où elle doit soutenir le nom de la France ; et, permettez à un cardinal missionnaire de le dire avec reconnaissance, partout où elle protège les missions chrétiennes créées par nous ».

Ces paroles, dont les auditeurs comprirent sur le champ la portée immense, produisirent une impression telle que nul ne songea à applaudir. Il y eut un moment de silence impressionnant que le cardinal, plus ému qu'il ne voulait le paraître, rompit le premier : « Eh bien, amiral, ne répondez-vous pas à mon toast ? » L'amiral se leva et, prenant son verre, prononça ces mots : « Je bois à Son Éminence le cardinal et à tout le clergé d'Algérie ! » Après coup et par ordre le télégraphe les fit précéder de cette autre phrase qui n'avait pas été dite : « Je remercie Votre Éminence au nom de la marine dont vous venez d'exprimer les sentiments ». Avant le repas, à l'arrivée des invités, selon la coutume, la fanfare du collège Saint-Eugène avait joué la Marseillaise.

Ce toast et cette Marseillaise retentirent à travers toute la France et même toute l'Europe.

On raconte que, le soir même du 12 novembre, quand la nouvelle fut portée au pape, Léon XIII, loin de manifester aucun étonnement, aurait dit : « Quel mal y aurait-il à ce que les catholiques de France imitassent en cela le primat d'Afrique ? » Et comme on ajoutait que le prélat avait fait jouer la Marseillaise : « Ah ! pour cela, répliqua le pape en souriant, je n'en ai rien dit à Son Éminence ! »

Quand les journaux eurent publié le texte du toast désormais fameux, ce fut en France, en certains partis, plus que de l'étonnement : de la stupeur ; et aussitôt après se déchaîna contre le cardinal la plus formidable tempête de clameurs et de polémiques qu'on eût vue depuis longtemps.

L'archevêque d'Alger s'attendait bien à un orage ; mais il ne pouvait prévoir ni la violence qu'il atteignit, ni la durée qu'il devait avoir. Il fit l'amère expérience de ce que, même dans des hommes qu'on pourrait croire bien élevés, le parti pris politique peut inspirer d'insinuations malveillantes, de critiques acerbes, de basses injures, de venimeuses calomnies.

Par son toast il atteignait à la fois et ceux qui mettaient la religion au service de la monarchie et ceux qui mettaient la république au service de l'irréligion. La presse de droite et celle de gauche fondirent à l'envi sur le cardinal, chacune à sa manière et avec ses arguments spéciaux.

Les radicaux signalaient l'hypocrite manœuvre

du cléricalisme qui voulait embrasser la république
pour l'étouffer traîtreusement ; les royalistes se plai-
gnaient avec amertume qu'on « encanaillât » la religion et que l'Église, qui fait une vertu de la reconnaissance, en manifestât si peu à l'égard d'un parti qui
avait tout fait pour elle. Ajoutons, pour être véri-
dique, que ces défenseurs de l'Église et de l'esprit
chrétien se servirent trop souvent de termes et de
formes que condamnaient la charité, la vérité et la
justice chrétiennes.

Un des plus notables catholiques du Sénat inter-
pella même le Gouvernement à propos « de ce prélat
néo-républicain qui faisait de la politique dans des
conditions extra-apostoliques, de cet archevêque
revêtu de la pourpre romaine, possesseur de biens et
revenus considérables, qui venait offrir à la république
persécutrice l'hommage de son dévouement ambulant ».

Durant de longs mois, presque jusqu'à la fin de
sa vie, le cardinal d'Alger reçut l'insulte à jet continu.
Des coupures de journaux, que lui adressait régulièrement une agence de publicité, entassaient sur
son bureau des montagnes d'insolences dont il faisait son pain de chaque jour

Rome, on le conçoit, ne pouvait parler ouvertement, et l'on s'autorisait de ce silence pour ne pas
vouloir reconnaître quel était le véritable inspi-
rateur du toast d'Alger.

Une opposition aussi violente étonna le pape
lui-même. Quant aux évêques, quelques-uns d'abord,
puis peu à peu la plupart donnèrent, de façon plus
ou moins expresse, leur assentiment à des principes
qu'ils savaient encouragés, inspirés, dirigés par Rome ;
mais, dans les rangs de l'épiscopat lui-même, il y eut
d'irréductibles opposants.

L'archevêque d'Alger n'était pas homme à plier sous l'orage, quelque violent qu'il pût être, et il se défendit avec sa vaillance accoutumée. Il répondit par des coups droits à ceux qui lui étaient portés insidieusement, et, si sa défense mit en mauvaise posture les adversaires auxquels il riposta, elle ne fit que les aigrir davantage et élargir le fossé qui se creusait entre le prélat et les partis monarchiques.

Pour amener dans les esprits la détente désirable, le cardinal Rampolla, secrétaire d'État, répondant officiellement, au nom du Souverain Pontife, à l'évêque de Saint-Flour, rappela les enseignements publics et solennels du Saint-Père, les traditions de l'Église dans ses rapports avec les gouvernements ; il concluait qu'il était temps d'en finir avec les querelles de parti et que ceux qui cherchaient encore à entraîner l'Église dans ces luttes portaient préjudice à l'Église elle-même et à l'illustre nation française (décembre 1890).

A cette même époque les cinq cardinaux de la métropole écrivirent à leurs collègues dans l'épiscopat une lettre collective où étaient acceptées, commentées, recommandées les instructions et directions pontificales. Moins d'un mois après, 75 évêques y avaient souscrit, de sorte que cette déclaration devenait celle de l'immense majorité de l'épiscopat français.

Enfin, le 16 février 1892, Léon XIII lui-même achevait de mettre les choses au point, et par son Encyclique *Inter immensas sollicitudines* revendiquait comme siennes les doctrines qu'il avait fait promulguer d'abord par le cardinal d'Alger. Il redisait que le ralliement à la forme constitutionnelle du gouvernement actuel était l'attitude la plus sûre et la ligne de conduite la plus salutaire pour tous les Français et qu'il fallait, tout en acceptant la constitution, faire en sorte que la législation devînt plus chrétienne.

Le cardinal Lavigerie, heureux, réconforté, saluait, dans cette lettre pontificale, le couronnement et la confirmation des enseignements que, durant de longues années, le Souverain Pontife avait donnés à l'Église de France et que lui-même avait transmis aux fidèles. Il n'y avait plus qu'à les suivre : le triomphe et la paix étaient assurés.

Mais ces dernières luttes, si vives, si acharnées, avaient achevé d'épuiser les forces du vaillant champion de la bonne cause ; il était malade plus encore des coups reçus au cœur que des atteintes de l'arthritisme qui lentement le minait.

Il l'avouait à ses familiers : « Personne ne saura jamais ce que ma nature si bouillante a eu à souffrir ; cette lutte m'a tué ».

CHAPITRE XII

Vie privée. Derniers jours

On ne saurait se faire une idée juste d'un homme, quel qu'il soit, en n'observant que ses actes extérieurs, sa vie publique, surtout si cette dernière se trouve mêlée à des difficultés politiques ou religieuses. Il arrive souvent que la physionomie d'un personnage dont l'histoire garde le nom se trouve pour ainsi dire stéréotypée, simplifiée en l'un de ses traits les plus marquants ; on en fait l'homme d'une œuvre, d'une chose, d'une action, et il se trouve comme figé, coulé dans ce type, de même que sa statue sera coulée dans le bronze ou figée dans le marbre. Dès qu'on évoque son souvenir, c'est immanquablement cela qui se présente à l'esprit.

Cette déformation, car c'en est une, risque fort de se produire à propos du grand archevêque dont nous venons de retracer à grands traits les œuvres et la vie.

Durant un quart de siècle, le cardinal Lavigerie étonna l'Algérie, la Tunisie, l'Orient, l'Afrique, la France, l'Église, le monde même par l'ardeur dévorante d'une activité qui eut à s'exercer de bien des manières.

D'une intelligence peu commune, il était doué d'une mémoire extraordinairement fidèle, et, de même qu'il concevait rapidement l'exacte réalité des choses, il en conservait avec une rare précision jusqu'aux détails les plus infimes.

La très forte culture théologique, philosophique et littéraire qu'il avait reçue mettait entre ses mains de puissants moyens d'action, dont il savait tirer un heureux parti et qui lui permirent de se montrer toujours brillant écrivain, remarquable orateur, et, selon les occurrences, fin politique, administrateur prudent, diplomate habile, hardi créateur d'œuvres aussi variées que nombreuses. Par tempérament il était porté à l'action, et les grandes idées devenaient immédiatement chez lui de grands projets. La vivacité de son esprit, aidée de la profonde connaissance qu'il avait des hommes et des choses, lui permettait d'en embrasser, d'un premier regard, toute l'étendue, ainsi que tous les moyens, résultats et conséquences.

C'est ce qui explique, pour ne citer que ces exemples, les stupéfiantes prévisions de son apostolat en Afrique, et la prudente opportunité de ses directions coloniales et politiques.

Quand, après avoir bien conçu un plan d'où il espérait voir sortir la gloire de Dieu, le salut des âmes et le service de la France, ce grand réalisateur passait à l'exécution, il ne le lâchait plus qu'il ne l'eût mené à bien. Il utilisait à la poursuite du but désiré toutes les forces dont il pouvait disposer.

Il écrivait : lettres, mandements, mémoires, rapports sortaient de sa plume ou de celle de ses secrétaires comme par enchantement.

Il usait de la presse avec maestria ; mais il eut aussi beaucoup à en souffrir, et, s'il savait, dans les journaux, exécuter de façon définitive ceux qui se mettaient en travers de ses plans, il dut aussi aux campagnes de presse dont il fut l'objet les grandes amertumes qui attristèrent la fin de sa vie.

Il ne reculait devant aucun obstacle ; s'il le jugeait

utile à sa cause, il entreprenait les voyages les plus fatigants pour aller traiter lui-même des affaires avec les autorités compétentes ou même avec les adversaires les plus déclarés. Il partait inopinément et, quand on le croyait à Alger ou en Tunisie, il arrivait soudain à Rome, à Paris, à Bruxelles, forçait toutes les portes, voyait le pape, les rois, les princes, les ministres, les ambassadeurs, les parlementaires, parlait aux foules elles-mêmes s'il le fallait : ardemment convaincu comme il l'était, il exerçait sur ses interlocuteurs une véritable fascination. Toujours il arrivait à se faire écouter ; et comme, délié psychologue, il excellait à faire vibrer la corde sensible : foi, raison, patriotisme, intérêt, il arrivait à ses fins là où d'autres auraient piteusement échoué. N'est-ce pas à l'archevêque d'Alger, venu le trouver à Paris pour traiter avec lui des intérêts de la Tunisie, que Gambetta déclara que « l'anticléricalisme n'était pas un article d'exportation » ?

S'il savait se faire écouter même des plus acharnés ennemis de l'Église, il savait aussi se faire aider dans sa tâche. C'est d'ailleurs au choix de leurs collaborateurs qu'on reconnaît les grands chefs. Peu de prélats surent, comme lui, mobiliser, pour la grande cause de l'Église, de la France, de l'Afrique, pareille pléiade de dévoués et remarquables collaborateurs. La conviction qu'ils travaillaient à de grandes choses aiguisait leurs facultés et excitait leur dévouement. Que de capacités se sont révélées grâce à cette collaboration avec le cardinal ! Nombreux sont les ecclésiastiques qui sont venus s'initier, sous la conduite de l'archevêque d'Alger, au maniement des grandes affaires, à la conduite des hommes, à la connaissance des choses, et qui ont pu ensuite, grâce à ce fécond et laborieux apprentissage, rendre d'éminents services à l'Église de France.

L'influence considérable que le cardinal avait prise soit à Rome, soit à Paris, faisait qu'il était souvent consulté et écouté quand il s'agissait de nominations épiscopales, et l'on a pu dire sans exagérer que les bureaux de l'archevêché d'Alger étaient une pépinière d'évêques.

Infatigable travailleur, le cardinal exigeait de tous ses collaborateurs, coadjuteurs, auxiliaires, vicaires généraux, secrétaires, un travail intense. Aux moments de presse, quand il s'agissait d'emporter de haute lutte une position difficile, il imposait à tous d'accablantes besognes. Il en assumait d'ailleurs la part principale. Que de nuits il a passées à son bureau ! En 1868 il avait déclaré : « Je ne veux pas un jour de repos » ; il tenait sa promesse, et la faisait tenir à ceux qui ne l'avaient pas faite.

Parfois, dans ces heures de travail intense, en présence de certaines négligences, lacunes, imperfections de ses collaborateurs, il avait des sorties terribles ; il s'emportait, fulminait des peines canoniques exagérées, y compris la suspense. C'était une tornade d'une heure, un de ces terribles orages algériens où l'on croirait que tout va être foudroyé, broyé, pulvérisé, mais dont il ne reste pas trace dès que le soleil a paru de nouveau ; l'éclat passé, le cardinal n'y pensait plus... mais ceux qui avaient subi le choc avaient souvent la mémoire plus tenace que l'archevêque.

La réussite véritablement extraordinaire de toutes les œuvres qu'il entreprit contribua très efficacement à lui donner la réputation d'un infatigable ouvrier : on oublie si vite les œuvres qui échouent et les peines qu'elles ont pu coûter ! C'est ce qui fait qu'on voit surtout en lui le fondateur singulièrement heureux de deux sociétés de missionnaires, le protagoniste hardi des missions du Sahara et du centre africain, l'inlassable et entraînant prédicateur de la croisade antiesclavagiste, l'habile politique du toast d'Alger, l'organisateur des Églises algérienne et tunisienne, l'administrateur prudent, le constructeur d'églises, d'hôpitaux, d'orphelinats, de collèges et d'écoles, le remueur d'idées et d'argent, l'entraîneur d'hommes.

Il fut tout cela, mais ces dehors éclatants empêchent de voir en lui l'homme privé, simple, bon, aimable, enjoué, peiné d'avoir fait de la peine, heureux d'avoir donné du bonheur autour de lui.

Il y avait deux hommes en lui, ou plutôt sa puissante personnalité présentait des aspects très divers: à côté du prélat dévoré du zèle et de la gloire de Dieu, pour qui rien n'était trop beau, trop grand, trop splendide, parce que en sa personne c'était au représentant de Dieu, à l'ambassadeur du Christ que ces honneurs s'adressaient, il y avait l'homme privé, vivant d'une vie très simple et très pauvre.

S'il lui fallait, dans les cérémonies pontificales, une cour de prélats et de chanoines, dans ses voyages il aimait rester en simple soutane noire sans aucun signe extérieur de dignité, ce qui lui valut de bien plaisantes aventures.

Le prélat fastueux qui recevait si magnifiquement dans les salons de la résidence épiscopale n'avait qu'à franchir le seuil de son appartement particulier pour se retrouver humble et pauvre : il n'eut jamais, comme personnel domestique attitré, qu'une. cuisinière qui ne sortait pas de la cuisine et un valet de chambre, qui, tel maître Jacques, cumulait encore les fonctions de cocher et de maître d'hôtel.

Son train de maison, si grandiose aux jours de réception, était en réalité des plus simples : le cardinal vivait en commun avec ses secrétaires, des Pères blancs pour la plupart ; il contrôlait lui-même les dépenses de sa maison et ne tolérait pas qu'il y en eût d'inutiles. A sa mort il laissa si peu de chose qu'on ne trouva, comme souvenir à donner à son docteur, qu'une petite pendulette de bureau, don de ce même docteur à son illustre client.

Ce qui, surtout, échappait à ceux qui n'étaient pas de son intimité, c'est l'intensité et le sérieux de sa vie spirituelle. Les exercices de piété passaient avant tout dans l'économie de sa vie et le partage des heures de ses journées. Levé de bonne heure, il faisait ponctuellement sa méditation, récitait le bréviaire, puis célébrait la messe ; l'après-midi il faisait une visite au Saint-Sacrement et souvent, le soir, après la prière, il prolongeait sa station à la chapelle.

Il avait, sur certains points, une conscience très délicate, et, à plusieurs reprises, se sentant surchargé de travail à cause des œuvres acceptées, il voulut donner sa démission d'archevêque d'Alger, craignant que son diocèse n'eût à souffrir de sa vie surmenée. La façon dont il parle à ses missionnaires des vertus de la vie religieuse : humilité, charité, obéissance, montre qu'il en avait une connaissance que la seule spéculation ne peut donner.

Il refusa obstinément de faire les quelques démarches qui auraient assuré son élection à l'Académie française, alors que les immortels eux-mêmes le pressaient de s'y présenter : « Il ne convient pas, répondit-il, que le père brigue les palmes académiques alors que ses fils ne soupirent qu'après les palmes du martyre ».

On ne connut qu'à sa mort toutes les décorations qui lui avaient été décernées : on les découvrit pêle-mêle dans une boîte au fond d'une armoire à habits ; il ne les avait jamais portées.

Le succès peu ordinaire de ses œuvres ne lui inspirait aucune vanité, témoin cette lettre toute intime qu'au soir de sa vie il adressait à l'un de ses plus dévoués collaborateurs : « Tâchons de bien finir et ne nous faisons pas illusion sur ce que nous avons pu faire dans le passé : presque toujours ç'a été de travers et ce n'est pas de la sorte que nous nous sommes préparé une belle place dans le paradis. Suppléons-y par la pénitence de nos derniers jours ».

Dans l'exercice de l'autorité le cardinal s'est parfois, souvent même, montré exigeant, mais il était lui-même, à l'égard du Souverain Pontife, d'une obéissance à toute épreuve : il en a fourni de multiples preuves. Léon XIII, aussi bien que Pie IX, savait qu'il pouvait compter absolument sur lui, et il agit en conséquence. Le fondateur s'efforça d'inculquer à ses missionnaires cette entière et cordiale soumission aux directions pontificales et il voulut que cela fût une des caractéristiques de l'esprit de leur Société. D'ailleurs n'était-ce pas pour obéir aux intentions du pape qu'il entreprit, sur la fin de sa vie, les fatigantes campagnes de prédication en faveur de l'œuvre antiesclavagiste qui achevèrent d'user ses forces déjà bien affaiblies et hâtèrent les infirmités, cause de sa mort ? N'était-ce pas pour obéir aux directions pontificales qu'il lança d'Alger son retentissant appel au ralliement qui souleva tant de tempêtes, ameuta contre lui une grosse partie de la presse, lui aliéna tant d'esprits, détacha de lui tant de cœurs et fit déferler sur lui tant d'outrages, de mensonges et de calomnies ? Il avouait lui-même que cette lutte l'avait tué.

Depuis de longues années le cardinal, qui était accablé d'ouvrage et ne boudait pas à la besogne, était sujet à des crises violentes d'arthritisme ; il se plaignait assez souvent à ses amis et à ses proches de l'état précaire de sa santé. Mais bien vite il se laissait emporter par l'ardeur de son tempérament et, absorbé par la tâche à remplir, il oubliait ou secouait ses douleurs. Aussi on riait de ce mourant perpétuel qui avait toujours un pied dans la tombe et l'autre sur toutes les routes de l'Europe. En 1890 le mal fit de tels progrès, et si rapides, que les crises devinrent de plus en plus violentes et fréquentes, mettant chaque fois sa vie en danger, laissant l'organisme de plus en plus affaibli. Le grand lutteur qui se complaisait dans la lutte, l'infatigable ouvrier pour qui le repos était plus pénible que le travail, dut s'avouer à bout de forces et s'arrêter presque complètement.

Il avait de longs moments où la vie semblait s'engourdir ; ses traits s'altéraient, son regard se voilait : il était évident que le fidèle serviteur arrivait au soir de sa journée et qu'il irait bientôt rendre compte à Dieu de l'emploi de sa vie. La pensée de la mort lui avait de tout temps été familière : il arrivait souvent qu'à ses secrétaires, qui venaient, le soir, lui demander sa bénédiction et lui souhaiter bonne nuit, il répondait : « Demandez pour moi une bonne mort ; ce sera peut-être cette nuit ; je ne sais si vous me trouverez en vie demain matin ». Il ne lui fut donc pas difficile de se rendre compte de son état et de comprendre que les jours de son laborieux pèlerinage étaient comptés.

Le 24 novembre 1892, au matin, après avoir reçu

la sainte communion, le cardinal voulut se lever. Ce lui fut impossible. La paralysie s'aggravait ; la parole devint pesante et difficile ; il s'assoupit. On crut d'abord à un sommeil réparateur : c'était le mal qui progressait ; la mort se glissait lentement, mais sûrement, dans cet organisme délabré..

Le prélat réclama et reçut en pleine connaissance le sacrement de l'extrême-onction, faisant lui-même silencieusement une petite croix sur chaque membre touché par l'onction sainte, puis il entra bientôt dans un lourd sommeil léthargique précurseur de la mort. Dans les toutes premières heures du jour, le samedi 26 novembre, en la fête d'un évêque d'Afrique, saint Pierre d'Alexandrie, le cardinal Lavigerie rendit son âme à Dieu.

Il avait soixante-sept ans ; vingt-neuf années s'étaient écoulées depuis son épiscopat, vingt-cinq depuis sa venue à Alger, dix depuis le cardinalat et huit depuis la primatie d'Afrique.

Sur la proposition du gouverneur de l'Algérie, le gouvernement français décida que des honneurs funèbres extraordinaires seraient décernés à ce grand serviteur de la France.

Le défunt avait fixé le lieu de sa sépulture dans la cathédrale de Saint-Louis, qu'il avait fait construire au sommet de la colline de Byrsa, au milieu de l'antique cité carthaginoise dont il avait rêvé de relever les ruines et de rajeunir la splendeur. Une première cérémonie funèbre eut donc lieu à Alger, où Mgr Combes, évêque de Constantine, qui devait devenir, quelques mois plus tard, le premier successeur du cardinal sur le siège primatial de Carthage, prononça un très bel éloge du défunt, dans l'intimité duquel il avait vécu.

Un navire de guerre, le croiseur cuirassé « Cosmao », transporta d'Alger à Tunis la dépouille mortelle du prélat qui avait été le pasteur dévoué des Algériens aussi bien que des Tunisiens.

A Carthage la France montra aux Tunisiens comment elle sait honorer ceux de ses enfants qui l'ont fidèlement et glorieusement servie. Le service funèbre fut grandiose, triomphal : on eût dit volontiers une apothéose.

Le 8 décembre, alors qu'à la tombée de la nuit le « Cosmao », passant au large de Carthage, saluait d'une dernière salve d'honneur celui qu'il venait d'amener en Tunisie, au sommet de la colline de Byrsa, dans la cathédrale qu'envahissait l'ombre, les Pères blancs éplorés, qui formaient autour du caveau funèbre une large couronne, descendirent le corps de leur père et fondateur dans la tombe que, dix ans auparavant, il s'était choisie, préparée et bénite.

Le caveau, aménagé sous le chœur de la cathédrale, fut fermé par une grande dalle de marbre blanc: Elle porte l'épitaphe que le cardinal lui-même avait fait graver :

Hic

In spem infinitæ misericordiæ

requiescit

Carolus Martialis Allemand Lavigerie

olim

S. E. R. presbyter cardinalis

Archiepiscopus Carthaginiensis et Algeriensis

Africæ Primas

Nunc cinis.

Orate pro eo.

Ici
dans l'espérance de l'nfinie imiséricorde
repose
Charles-Martial Allemand Lavigerie,
autrefois
Cardinal-prêtre de la sainte Eglise Romaine,
Archevêque de Carthage et d'Alger,
Primat d'Afrique,
Maintenant cendre et poussière.
Priez pour lui.

Devant la majesté du tombeau le ressentiment des partis, si vif durant les dernières années, avait désarmé : tous, amis et ennemis, partisans et adversaires, s'accordaient à l'envi pour déplorer la perte que faisaient l'Église, la France, l'Afrique dans la personne du grand cardinal. L'un de ceux qui tout récemment encore l'avaient si cruellement traité écrivait de lui : « La mort, cette sœur cadette de la gloire, grandit parfois ses victimes et prépare des apothéoses. Le cardinal Lavigerie, discutable et discuté pendant sa vie, apparaît aujourd'hui, du fond de sa tombe, comme un héros national ».

La presse d'Algérie, de Tunisie, de France, d'Europe, et, pourrait-on dire, du monde entier s'unit dans un concert magnifique pour célébrer les mérites, les œuvres et le caractère du grand évêque, du grand citoyen ; l'accord était unanime pour proclamer que l'Église et la France perdaient un noble fils et un grand serviteur.

TABLE DES MATIÈRES

Ch. I. Jeunesse (1825-1856) 5
Education. — Première communion. — Vocation. — Etudes. — Sacerdoce. — Doctorat. — Professorat.

Ch. II. Orientation définitive (1856-1863) 14
Œuvres des écoles d'Orient. — Mission en Syrie. — Auditorat de Rote.

Ch. III. Episcopat de Nancy (1863-1867)...... 23
Succession difficile. — Réforme des études, affaire des examens. — Recrutement sacerdotal. — Splendeur du culte. — Encyclique « Quanta cura ». — Nomination à Alger.

Ch. IV. Débuts à Alger (1867-1868)........... 33
Arrivée à Alger. — 1er mandement. — Etat religieux de la colonie. — Voyage à Rome. — Vœu sur l' « Hermus ». — Popularité et oppositions. — La famine et les orphelinats.

Ch. V. Orphelinats arabes. — Colonisation chrétienne (1868)............................... 50
Formation des orphelins. — Plans de l'archevêque. — Guerre de 1870 et ses effets en Algérie, révolte kabyle. — Commune à Alger. — Premiers baptêmes d'orphelins. — Premiers mariages et installation aux Attafs. — Opposition et refus de crédits.

Ch. VI. La mission arabe (1868) 62
Origine, débuts, développement de la Société des missionnaires d'Afrique. — Délégation pour le Sahara et le Soudan. — Mission saharienne. — Sur la route du Soudan. — Martyrs sahariens. — Origine, développements de la Congrégation des Sœurs missionnaires.

Ch. VII. Missions équatoriales (1878) 79

Etat des missions en Afrique. — Association internationale de Bruxelles. — Rapport à Rome. — Fondation des missions équatoriales. — Archevêque quêteur. — Protectorat de l'Ouganda. — Persécution et martyrs. — Congrès de Berlin. — Compétitions européennes. — Méthode d'apostolat. — Succès. — Joubert et le royaume chrétien.

Ch. VIII. Mission tunisienne (1875) 101

Saint-Louis de Carthage. — Musée archéologique. — Occupation militaire de la Tunisie (1881). — Administration apostolique. — Organisation des œuvres. — Budget tunisien. — Archevêché de Carthage.

Ch. IX. Mission palestinienne (1878) 117

Idées personnelles de Mgr Lavigerie sur les églises orientales. Sainte Anne, basilique française. — Propositions du gouvernement français. — But primitif. — Evolution dans le but poursuivi. — Développements de l'œuvre.

Ch. X. Cardinalat. Mission anti-esclavagiste (1881-1892) 130

Rôle prépondérant de l'archevêque d'Alger dans l'épiscopat français. — Difficultés politiques. — Promotion au cardinalat. — Mission anti-esclavagiste. — Croisade de prédications. — Pionniers du Sahara.

Ch. XI. Action politique du Cardinal. Le ralliement (1890) 145

Initiation aux affaires politiques. — Son ralliement personnel. — Positions et luttes des partis en France. — Enseignements pontificaux. — Le Toast d'Alger. — Comment il fut accueilli. — Encyclique « Inter immensas ».

Ch. XII. Vie privée. Derniers jours (1892) 162

Impr. BERNIGAUD & PRIVAT
15, Rue Bossuet, 15 - Dijon